안정복,
고려사를 공부하다

고즈윈은 좋은책을 읽는 독자를 섬깁니다.
당신을 닮은 좋은책—고즈윈

안정복, 고려사를 공부하다
박종기 지음

1판 1쇄 발행 | 2006. 10. 20.

저작권자 ⓒ 2006 박종기
이 책의 저작권자는 위와 같습니다. 저작권자의 동의 없이
내용의 일부를 인용하거나 발췌하는 것을 금합니다.
Copyrights ⓒ 2006 by Park Jong-Ki
All rights reserved including the rights of reproduction
in whole or in part in any form. Printed in KOREA.

발행처 | 고즈윈
발행인 | 고세규
신고번호 | 제313-2004-00095호
신고일자 | 2004. 4. 21.
(121-819) 서울특별시 마포구 동교동 200-19번지 501호
전화 02)325-5676 팩시밀리 02)333-5980

값은 표지에 있습니다.
ISBN 89-91319-76-9

고즈윈은 항상 책을 읽는 독자의 기쁨을 생각합니다.
고즈윈은 좋은책이 독자에게 행복을 전한다고 믿습니다.

안정복, 고려사를 공부하다

박종기 지음

책을 내면서

　필자가 역사 연구자로서의 외길을 밟아 온 지 어느덧 20여 년의 세월이 훌쩍 지났다. 지나온 많은 시간만큼 너풀거리는 긴 세월의 덫에 걸려 필자의 뇌리 속에 남아 있는 연구와 관련된, 희로애락이 얽힌 사연이랄까 뒷이야기도 적지 않다. 물론 필자만 그렇지는 않을 것이다. 그럼에도 필자가 그러한 이야기 가운데 한 부분을 기록으로 남기고 싶은 충동을 받았던 것은 지금부터 얘기하고자 할 250년 전의 역사가 순암(順庵) 안정복(安鼎福, 1712~1791) 선생을 만나게 되면서였다.

　십 수년 전 우연한 기회에 필자는 한적본(漢籍本) 『고려사(高麗史)』

(활자본, 1451년 정인지 등 편찬) 한 권을 얻게 되었는데, 놀랍게도 이 책의 곳곳에는 순암 선생의 필적이 고스란히 담겨 있었다. 선생은 책의 내용과 관련하여 사실을 확인하고 보충한 자료를 책의 여백에 직접 빼곡하게 적어 놓아, 그야말로 이 책은 선생의 입김과 손자국이 오롯이 담겨 있는 수택본(手澤本) 자체였다.

조선 후기 최고 역사책의 하나로 평가받고 있는 책이 바로 순암 선생이 저술한 『동사강목(東史綱目)』이다. 조사 결과 순암 선생은 『동사강목』의 고려시대사 부분을 집필하기 위해 한적본 『고려사』를 공부하면서, 다른 자료에서 찾아 읽고 보충할 만한 내용을 『고려사』의 여백에 직접 붓글씨로 정성스럽게 적어 놓았던 것이다. 실제로 선생께서 적어 놓은 내용이 『동사강목』의 서술에도 반영되어 있었다. 하찮은 작은 역사적 사실이라도 의심이 가면 끝까지 사실을 찾아 밝히려는 선생의 철저한 고증 태도와 작사(作史) 정신을 이 수택본을 통해 확인할 수 있었다. 지금도 수택본을 펼칠 때마다 250년 전 역사가의 열정과 숨결이 고스란히 전해져 옴을 느낀다.

순암 선생이 『동사강목』 집필에 착수한 해는 1756년이다. 선생의 나이 45세 때이다. 올해는 『동사강목』 집필을 시작한 해로부터 정확하게 250년이 된다. 수택본을 통한 250년 전의 위대한 역사가 순암 안정복 선생과의 해후는 이후 필자의 연구에 새로운 지적 호기심을 불러 일으켜 주었을 뿐 아니라 단조롭고 지루하기 짝이 없었던 연구실 생활을 한때나마 유쾌하게 보낼 수 있게 한 동반자 역할을 해 주었다. 그런 점에서 이 책은 필자와 250년 전 역사가와의 대화이기도 한 것이다. 수택본은 모두 50책으로 묶여 있는 한적본 『고려사』 가운데 1책으로서, 전체로 보면 매우 적은 분량에 지나지 않는다. 필자는 이 책을 집필하는 과정에서 나머지 49책의 수택본을 찾는 기쁨과 행운을 맛보았다. '지성이면 감천이다.'라는 말을 필자는 실감한다.

250년 전의 역사가 순암 안정복 선생의 역사 공부법을 시대가 한참 바뀐 지금 정리하는 일이 무슨 의미가 있을까? 하고 생각하는 이도 더러 있을 것이다. 그렇지 않다. 순암 선생의 역사 연구와 역사 서술의 궤적을 밝히는 이 책을 쓰면서, 선생이 추구하신 철저한 고증 정신과 진지하고도 경건하기까지 한 역사의식과 서술 태도는 지금의 우리들이 여전히 큰 스승으로 받아들이고 되새겨 볼 만한 가치가 있다고 확신한다. 또한 역사에 관심을 가진 일반 독자들도 이 책을 통해 역사 연구의 세계를 간접적으로 들여다볼 수 있는 계기를 갖게 될 것이다.

이 책은 역사 전공자가 아닌 일반 독자들도 읽을 수 있는 대중 역사서 형태로 꾸며져 있다. 아울러 흥미와 재미 중심의 대중 역사서에 입맛이 길들어 있는 일반 독자들에게 역사학의 진수를 맛보는 기회를 갖도록 배려하였다. 이제 대중 역사서 시장도 재미와 흥미 위주의 출판 수준을 벗어날 수 있을 정도의 그야말로 역사에 대해 마니아 수준에 가까운 독자층이 두껍게 형성되어 있다.

  이 책은 모두 5부로 구성되었다. 제1부 '고려사의 길목에서 만난 순암 안정복'은 필자가 수택본을 입수한 경위와 나머지 수택본을 추적하는 과정이 서술되어 있다. 눈치 빠른 독자라면 1부만 읽어도 이 책의 전체적인 면모는 파악할 수 있다. 제2부 '안정복과 『동사강목』', 제3부 '『고려사』는 어떤 책인가', 제4부 '『고려사』 속의 수택본'은 제목 그대로 두 역사책과 필자가 입수한 수택본에 대한 소개와 함께 이들 책에 담긴 정신과 의미를 추적하는 부분이다. 독자들은 2, 3, 4부를 읽으면서 우리 역사서에 대한 지식을 넓히는 기회로 삼아도 좋을 것이다. 제5부 '『동사강목』에 녹아든 수택본'에서는 순암 선생이 수택본에 기록한 사실들을 실제로 『동사강목』의 서술에 어떻게 반영하였는지, 그 과정을 미시적으로 들여다보게 될 것이다. 그와 함께 선생의 고려사에 대한 관심사, 나아가 선생의 역사 연구 방법과 서술 태도 등을 언급하였다.

순암이 스승인 성호(星湖) 이익(李瀷)에게 올린 편지 속에는 세금도 오르고 종이 값도 올라 종이를 구하지 못해 『동사강목』을 집필하는 데 어려움을 겪은 사실이 기록되어 있다. 또 집필에 필요한 서적을 구하기가 어려운 사실을 스승에게 진솔하게 고백한 내용도 담겨 있다. 그러나 이러한 어려운 여건에 병마까지 더해 『동사강목』의 집필이 원활하지 못하게 되었음에도 순암은 동생과 아들에게 나머지 부분의 집필을 당부하는 유서를 남길 정도로 『동사강목』의 완성에 커다란 애착을 보인다. 250년 전과는 비교할 수 없을 정도로 무척이나 좋은 여건에서 역사 연구를 하고 있는 필자에게 순암 선생의 역사 연구 태도는 여러 점에서 부끄러운 성찰의 계기가 되었음을 고백한다.

대학의 교수 자리를 부끄러움 없이 꿰차고 앉아, 역사 연구를 한답시고 사료를 뒤지다 끊임없이 제기되는 의문과 더 추적하고 조사해야 할 사실들을 귀찮고 힘이 든다는 이유로 포기하거나 적당히 타협하여 대충 글을 마무리 짓곤 했던 게으르기 짝이 없는, 한 '얼치기' 고려사 연구자의 부끄러운 연구 역정에 대한 반성의 계기를 삼으려는 필자의 개인적인 바람도 이 책에 담겨 있다. 한편으로 순암 선생의 수택본을 얻은 이후 진행해 왔던 일련의 연구와 그 과정에서 느꼈던 점, 나머지 수택본을 찾기 위해 노력했던 과정을 기록으로 남기고 싶다는 욕심도 이 글을 쓰게 된 또 하나의 이유이다.

　차가운 날씨가 대지를 뒤덮은 금년 연초에 집필을 시작하여, 집필이 마무리된 때에는 장마와 더위가 번갈아 가면서 기승을 부리고 있었다. 책 출간 일에 빠져 기상의 무상한 변화에 육체와 정신이 주눅들지 않은 채 지낸 일을 감사하게 생각한다. 그 사이 인구에 회자하던 미사일, 논문 표절, 바다이야기 등 부끄럽고 불쾌하고 짜증스럽던 일들은 이 책의 머리말을 쓸 무렵 연구실 창밖을 두드리는 가을의 전령사 소리에 어느덧 성큼 밀려나 있다.

　　　　2006년 초가을, 새로운 세계와 희망을 가르쳐주는 북한산 자락의 연구실에서
　　　　　　청헌(淸軒) 박종기(朴宗基)가 이 책의 머리말을 쓰다.

책을 내면서 4

1부 ──── 고려사의 길목에서 만난 순암 안정복

귀한 인연의 시작 14 | 나의 오랜 취미, 헌책방 순례 15 | 순암 선생의 손때 묻은 책 18 | 수택본, 순암의 고려왕조사 연구노트 21 | 조선사편수회로 넘어간 순암의 고서들 23 | 수택본 연구의 끈을 다시 잇다 29 | 다시 수택본의 출처를 찾아서 32 | 전산화의 위력 36 | 조선사편수회가 보낸 편지 41 | 나머지 수택본의 소재를 찾아내다 43 | 도망간 1권의 수택본 49

2부 ──── 안정복과 『동사강목』

안정복의 성장기 54 | 스승 반계 유형원과 성호 이익 55 | 만족스럽지 못한 관료 생활 59 | 『동사강목』의 편찬 60 | 『동사강목』의 체제 70

3부 ──── 『고려사』는 어떤 책인가

최고 편찬자의 이름이 뒤바뀐 『고려사』 76 | 편년체에서 기전체로 82 | 조선왕조 건국의 정당성을 위하여 86 | 사대명분론을 뛰어넘어서 88 | 짙게 드리워진 흥망사관(興亡史觀) 92 | 풍부한 자료집, 『고려사』 93

4부 ─────────────── 『고려사』 속의 수택본

『고려사』와 『동사강목』의 차이 98 | 수택본 『고려사』의 내용 105 | 수택본 작성에 이용된 자료들: 묘지명(墓誌銘)과 족보(族譜), 『신증동국여지승람(新增東國輿地勝覽)』 108

5부 ─────────────── 『동사강목』에 녹아든 수택본

『동사강목』은 '술이부작(述而不作)'의 책인가? 123 | 새로 쓴 『고려사』 125 | 유교 사가 안정복의 면모 132 | 역사학의 생명줄, 철저한 고증 139 | 가위와 풀의 역사? 142 | 안정복은 '가위와 풀'을 어떻게 사용했는가 145

책을 마무리하며 154

부록
1. 수택본 주기 내용 일람표 162
2. 수택본 영인본 186
3. 순암 안정복 관련 문헌 목록 209

찾아보기 212

제 **1** 부

고려사의 길목에서 만난 순암 안정복

귀한 인연의 시작

벌써 20여 년 전의 일이다. 1987년 2학기가 막 시작된 무렵인 9월 초 어느 날, 당시 국사학과 4학년 학생 홍석화(洪錫和, 현재 고등학교 교사로 근무) 군이 내 연구실로 찾아왔다. 홍 군의 손에는 한적본(漢籍本) 『고려사(高麗史)』 한 권이 들려 있었다.

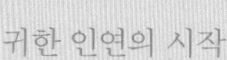

"교수님, 헌책방에 들렀다가 『고려사』가 있어서 필요하실 것 같아 제가 구입하여 갖고 왔습니다."

그는 '高麗史'라 적힌 겉표지만 보고 고려시대사를 강의하고 있는 나

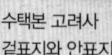

수택본 고려사
겉표지와 안표지

를 생각하고 사온 것이었다. 홍 군은 당시 군 복무를 마치고 복학하여 내 수업을 듣고 있었다. 이전에 홍 군과 개인적으로 자주 대화를 나눈 적은 없었다. 홍 군에 대한 기억이래야 내 수업을 진지하게 듣고 있는 반듯한 품성을 지닌 학생이라는 느낌 정도였다.

"고맙네."

나는 간단히 인사치레를 하고 책을 받았다.

"어디서 구입했나?"

"미아동 부근의 헌책방입니다."

나의 오랜 취미, 헌책방 순례

지금도 마찬가지지만 나는 항상 수업 중에 학생들에게 평소 시간이 나는 대로 헌책방에 들러 고전적(古典籍)이나 고문서 등이 있는지 취미삼아 관심을 가지고 살펴볼 것을 강조해 왔다. 『고려사』라는 책 표지만 보고 얼른 집어 들어 나의 연구실을 찾은 홍 군은 이 점에서 당시 나의 말을 새겨듣고 실천에 옮긴 모범적인(?) 학생이었다.

학생들에게 이런 당부를 시간이 날 때마다 하게 된 것은 세월을 거슬러 올라 나의 대학 시절 경험과 무관하지 않다. 학부 시절부터 나는 책방에 들러 한적(漢籍)을 비롯한 고전적을 들춰보는 데 적지 않은 관심과 흥미를 가지고 있었다. 그 시절 고전적에 대한 내 지식이나 수준이라는 게 그것을 해독하고 가치를 찾아낼 정도는 물론 아니었다. 수업 중에 선생님들로부터 간혹 어느 대가가 중요한 전적(典籍)을 우연한 기회에 헌책방이나 고물상에서 찾아냈다는 얘기를 듣고 솔깃했던 기억이 남아 있는데, 아마도 그 이야기 때문에 생겨난 '혹시나 나도?' 하는 가당찮은 물욕(?)이 나로 하여금 기회가 날 때마다 헌책방을 돌게 한 원초적인 동기가 되지 않았나 생각한다.

    필자의 대학 학부 시절인 1970년대만 하더라도, 이미 돈 많은 일본인들이 인사동의 고서점가를 뒤지기 시작하면서 그곳의 하찮은 고서들도 가격이 천정부지로 치솟았다는 얘기가 공공연하게 들릴 정도였으니, 마치 신기루를 쫓는 듯한 나의 무모한 책방 뒤지기는 처음부터 잘못된 것이었는지도 모른다. 하지만 이 책방 저 책방을 마구잡이로 뒤지는 엉뚱하면서도 무모한 취미는 나로 하여금 자연스럽게 역사에 대한 끝없는 관심과 애정을 갖게 하였기에, 기대 밖의 소득이지만 얻은 바는 크다고 할 수 있다. 학생들에게 이런 취미를 가져 보도록 수업 중에 권하는 것도 이 같은 경험이 궁극적으로 역사에 대해 진지하고 애정 어린 접근을 가능하게 하는 지름길이 될 수 있다고 믿기 때문이다.

    당시 인사동과 주변 서점을 뒤졌던 나의 흔적은 지금 내가 아끼는 한 권의 책으로 남아 있다. 양촌(陽村) 권근(權近)의 문집 『양촌집(陽村集)』이 그것이다. 조선 세종 3년(1421)에서 8년 무렵에 아들 권도(權蹈)가 간행한 초각(初刻) 보인본(補印本, 규장각 소장)을 1927년 3월 조선사편수회가 다시 7책으로 영인한 아담한 한적본(漢籍本)이다. 다시 책의 뒷면을 펼쳐보니 "1974년 10월 28일 오전, 비가 오

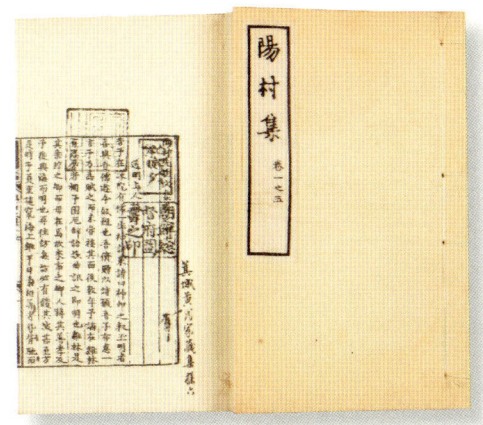

필자가 대학 학부 시절 구입한 양촌집. 조선 초기 학자이자 문장가인 양촌 권근(1363~1409)의 시문집이다. 모두 40권으로 구성되어 있다.

는 날 인사동에서 구입하다."라고 적혀 있다. 대학 4학년 시절의 일이다.

나의 학부 졸업 논문의 주제는 양촌 권근이었다. 『양촌집』은 당시 규장각에서 귀중본으로 묶여 있어 학부생으로서 책을 대출하는 일이 여간 까다롭지 않아, 졸업 논문을 편하게 쓸 요량으로 가정교사를 하며 아껴 모은 돈 4만 원으로 구입하게 되었다. 당시 등록금이 그 정도였으니, 학부 4학년생으로서는 정말 큰 결심을 하고 거금을 투자하여 구입한 책이다. 지금도 이 책을 만지작거릴 때마다 인사동 고서점 통문관 문턱을 드나들면서 몇 번을 망설이다 마침내 구입을 결심했던 당시 기억이 새삼스럽게 떠오른다.

뒷날 대학원 시절 규장각에서 고전적 정리 작업에 참여하면서 어려운 시절을 유쾌하게 보낼 수 있었던 것도, 국민대학교에 자리를 잡은 후 박물관에 20여 년 이상 묻혀 있었던 설촌가(雪村家) 수장(收藏) 고문서 정리 작업을 하게 된 것도 모두 무모해 보이기조차 했던 젊은 시절의 고전적에 대한 관심 때문이었다. 나의 이런 취미는 고단하고 지치게 할 수도 있었던 역사 연구를 즐거움으로 포장해 준 윤활유였다.

순암 선생의 손때 묻은 책

그런데 홍 군으로부터 받은 한적본 『고려사』는 개학 직후라서 더 분주해진 수업 준비와 눈앞에 닥친 박사학위 논문 준비 때문에 차분하게 들춰볼 여유가 없었다. 이 책은 주인의 무관심으로 연구실 서가의 한구석에 밀려나는 신세가 되었다. 그렇게 몇 달이 지났다.

학기가 끝날 무렵 잠시 약간의 시간 여유가 생겨서야 비로소 책을 들여다볼 수 있었다. 그런데 책장을 넘기다 보니 누군가가 각종 묘지명과 문집을 인용하여 행서와 초서로 주기(註記)한 내용이 책의 여백 곳곳에 빼곡하게 들어차 있었다. 해당 쪽에 기록된 『고려사』의 내용을 보충하기 위해 새롭게 찾아낸 자료들을 적어 놓은 것이었다. 미루어 보건대 어떤 목적을 가지고 관련 자료를 체계적으로 정리한 흔적이 역력했다. 유려한 붓글씨로 정리한 솜씨나 적힌 내용이 근대 학자가 정리한 것으로 생각되지 않았다. 조선시대 어느 학자가 정리한 것이 분명하였다. 그중 초서로 적힌 부분이 많았고, 필자의 능력으로는 판독과 해석이 잘 안 되는 부분도 적지 않았다.

학부 시절 이래로 한문을 배운 필자의 스승이자 당시 같은 학교에 근무하셨던 중문학과 김도련(金都鍊) 선생님께 이 책을 보여드렸다. 어느 날 선생님은 깜짝 놀라시면서 책의 앞부분에 '安鼎福印(안정복인)'이라 찍힌 사각형 주인(朱印)의 흔적을 집어내셨다.

이로 보아 이 책의 주인은 순암 안정복(1712~1791) 선생임이 분명하였다. 선생이 『고려사』를 읽으면서 관련 기록을 보완할 만한 자료를 찾아 읽고 정리한 책임을 단숨에 알 수 있었다. 현재 남아 있는 선생의 필적과 대조해 보니 같은 필적이었다. 바로 이 책은 선생의 손때가 덕지덕지 묻은, 선생의 수택본(手澤本) 『고려사』(이하 '수택본'으로 줄임)였던 것이다.

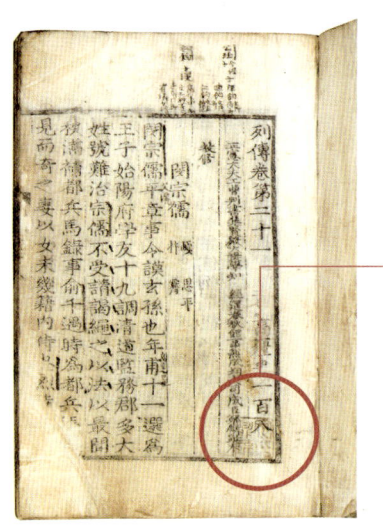

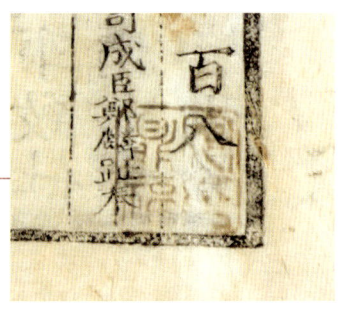

수택본 첫머리 우측 하단에 '안정복인(安鼎福印)'이라는 사각형 도장이 찍혀 있다.

순암 안정복은 유명한 역사책 『동사강목(東史綱目)』을 저술한 조선 후기 역사가로서 일반인들에게도 잘 알려져 있다. 그런데 그는 관리의 인사행정과 토지제도 개혁, 향촌 사회의 교화와 안정 등 18세기 후반 조선 후기 사회의 개혁을 위해 노력했던 실학자이자 성리학의 연구와 보급에 앞장섰던 유학자로서 더 큰 활동을 한 학자였다.

'수택본(手澤本)'이라는 말은 원래 중국의 공자(BC 551~479)가 편찬했다고 전해지는 『예기(禮記)』에서 유래하였다. 이 책의 원래 이름은 공자가 저술하여 『예경(禮經)』이라 했는데, BC 2세기경 대대(大戴, 본명은 戴德)와 그의 사촌 소대(小戴, 본명은 戴聖)가 원문에 손질을 가하였기 때문에 '경'자가 빠져 『예기(禮記)』라 부른다. 『예기』에 따르면 "아버님이 돌아가시자 아버님의 책을 읽을 수 없다. (아버님의) 손때가 묻어 있기 때문이다. 어머님이 돌아가시자 나무잔으로 물을 마실 수 없다. (어머님의) 입에서 풍기는 기운이 남아 있기 때문이다〔父沒而不能讀父之書 手澤存焉爾 母沒而杯圈不能飮焉 口澤之氣存焉爾; 권13 옥조(玉藻)〕."라고 하였다. '수택(手澤)'의 원래 뜻은 이같이 '고인(故人)이 생전에 아끼고 소중하게 지녔던 물건에 묻어 있는 손때 혹은 그 흔적'이다. 따라서 수택본은 고인이 생전에 애독했던 책 혹은 고인이 아꼈던 책을 말한다. 최근에는 먼저 사람이 되풀이하여 읽어서 손때가 묻은 책, 나아가 어떤 사람이 여러 가지 사실을 참고 삼아 적어 넣은 책을 뜻하게 되었다.

홍 군을 다시 불렀다. 구입 당시 그 책과 함께 많은 고서들이 서점에 있었다는 얘기를 듣고, 그 서점에 다시 가서 남은 서적들을 뒤져 보게 하였다. 이미 6개월이나 지났으니 남아 있을 리 없었다. 아쉬운 일이 아닐 수 없었다. 어느 가정에 소장되었던 고서들이 당시 서울에 불어 닥친 태풍으로 물난리가 나면서 물에 젖어 일시적으로 고서점에 풀려나온 것 가운데 일부로 추정되었다. 6개월이라는 시간을 그냥 흘려보내는 사이, 그 소중한 책들이 내용의 무게보다는 책 자체의 무게로 환산되어 재활용 공장이나 쓰레기 더미 속으로, 혹은 멋을 부리려는 호사가의 장식용 한지로 뿔뿔이 흩어져 버린 셈이었다. 그 속에는 순암의 손때가 묻은 책들도 적지 않게 포함되었으리라는 생각은 지금도 변함이 없다. 왜 홍군이 가져온 책을 곧장 검토하지 않았던 것일까? 후회막급이었다. 나의 무관심과 게으름으로 더 많은 자료를 찾아낼 수 있는 기회를 날려 버린 셈이 되었다는 생각에 늘 안타깝고 부끄럽다.

수택본, 순암의 고려왕조사 연구노트

잘 알다시피 『고려사』는 조선 초기인 1451년 왕명을 받아 정인지 등이 고려왕조의 역사를 편찬한 책이다. 입수한 수택본은 『고려사』 전체 139권 가운데 권108~110(열전 21~23권)에 해당하는 3권 분량이다. 전체 내용의 극히 일부분에 불과하다. 여기에는 고려 충렬왕에서 공민왕 때까지 고려 정계에서 주요한 활동을 한 민종유, 최성지,

채홍철, 김이, 박전지, 이전, 이곡, 안축, 최해, 최유엄, 김태현, 김륜, 이제현 등 모두 54명의 인물 전기가 실려 있다. 이들에 관해 순암은 문집이나 묘지명, 족보 등을 이용하여 『고려사』에 기록되지 않은 사실들을 가려 뽑아 책의 여백에다가 기록하였다.

수택본을 읽으면서 필자는 다음과 같은 생각을 하였다. 우연한 기회에 순암이 『고려사』 한 책을 얻어 여가를 이용해서 틈틈이 필요한 사실을 단순히 정리해 놓은 것일까? 책이 귀한 시절이었기 때문에 그럴 가능성도 없지 않았다. 아니면 수택본을 포함하여 139권의 『고려사』 전질을 구하여, 다른 부분도 역시 수택본과 같은 방식으로 정리한 것일까? 그것이 사실이라면 순암은 고려왕조의 역사에 깊은 관심을 가지고 무언가 새로운 역사서를 편찬하기 위해 기초 자료에 대한 정리 작업을 행한 것임이 분명하였다.

필자는 먼저 순암이 주기(註記)한 내용을 정리하였다(이 책의 〈부록 1〉에 정리되어 있다.). 주로 『고려사』에 기록되지 않은 사실들을 추가로 적은 내용이었다. 출생과 사망 연도, 자호(字號), 과거 급제와 관직 제수, 가족 및 혼인 관계 등 열전에 실린 인물들의 생애를 보완하는 내용뿐 아니라 해당 인물과 관련된 역사적 사건과 그에 대한 순암의 개인적인 생각 등이 담겨 있었다. 그런데 이는 수택본에 나오는 54명의 인물 모두에 대한 관련 사실을 정리한 것이 아니라 상대적으로 『고려사』에 자주 등장하는 인물들을 중심으로 상당히 체계적으로 조사한 것이었다. 이로 미루어 보아 수택본은 순암이 관련 자료를 읽다가 필요한 사실을 단순히 기록한 것이 아니라 일정한 목표를 가지고 의도적으로 관련 사실을 찾아 정리한 것임이 분명하였다.

순암이 조선왕조의 역사를 저술한 책은 현재 전해지고 있는『열조통기(列朝通記)』이다. 그러나 고려왕조의 역사를 독립적으로 저술한 책은 없다. 다만『동사강목』이라는 역사서에 조선왕조 이전의 역사, 즉 고조선에서 고려왕조까지의 역사가 실려 있다. 이 책 17권 가운데 12권, 즉 전체 내용의 3분의 2 이상이 고려왕조의 역사로 채워져 있다.『동사강목』을 저술하면서 내용의 대부분을 차지하고 있는 고려왕조의 역사에 대한 기초적인 정리 작업은 반드시 필요하였을 것이다. 수택본에 주기 형식으로 정리된 내용은 바로 이러한 기초 작업의 일부였던 것이다. 뒤에서 자세하게 소개하겠지만, 실제로 수택본의 여백에 순암이 적어 넣은 내용은『동사강목』의 고려왕조사 서술에 상당히 반영되었다. 따라서 수택본은 순암이『동사강목』의 고려사 부분을 새롭게 저술하기 위해 기존의『고려사』내용을 토대로 새로운 사실들을 보충하며 연구한 일종의 연구노트인 셈이었다. 그렇다면 확인할 수 없지만 현재의 수택본 외에 또 다른『고려사』수택본이 어디엔가 존재하리라는 사실은 분명하였다.

조선사편수회로 넘어간 순암의 고서들

수택본이 순암 안정복이『동사강목』고려사 부분을 저술하기 위해 기초자료를 정리한 일종의 연구노트였다는 사실을 확인한 이상, 이를 학계에 소개할 필요가 있었다. 다행히 1992년 성곡 학술문화재단의 연구과제로 채택되는 기회를 얻게 되었다. 발표를 위해서 먼저 수택본이 어떤 경로를 통해 서점가로 흘러나오게 되었을까 하는 문제와 함께 원래의 출처가 어디일까 하는 문제를 밝힐 필요가 있었다.

그리하여 순암이 『동사강목』을 저술하면서 학문 활동을 했던 곳에 대한 조사 방문을 계획하게 되었다. 『동사강목』은 순암이 45세이던 1756년 저술되기 시작하여 4년 후인 1760년 무렵에 초고가 완성된다. 이후 여러 차례의 보완 작업을 통해 67세 되던 1778년 최종적으로 마무리된다. 지금의 기준으로 볼 때 학자로서 가장 왕성한 활동을 할 나이인 40대 후반에 이 책의 기본 골격이 완성된 것이다.

『동사강목』을 저술하던 시절 순암은 서울에서 가까운 거리인 지금의 경기도 광주시 경안면 중대리에 거주하였다. 울산부사를 그만둔 할아버지를 따라서 온 가족이 함께 생활했던 곳은 전라도 무주였다. 이곳에서 순암은 비로소 학문에 눈을 뜨기 시작한다. 할아버지 사망 후 부친과 함께 경기도 광주로 온 때는 순암이 25세 되던 1736년이었다. 관직 생활을 위해 잠시 떠났던 시기를 제외하면, 그가 80세로 세상을 떠날 때까지 55년 간 이곳에서 줄곧 지냈다. 따라서 경기도 광주의 경안면 중대리는 순암 선생이 『동사강목』을 편찬한 산실이기도 하였다. 이곳에는 아직도 순암의 많은 후손이 거주하고 있으며, 종가도 있다. 또한 선생이 생전에 학문을 연구하고 후진을 양성했던 이택재(麗澤齋)와 선생의 묘소도 위치해 있다.

당시 나는 『고려사』 식화지(食貨志) 역주 작업에 매달려 있었다. 함께 작업했던 동료인 한신대학교 국사학과 안병우 교수는 순암의 후손이었다. 식화지의 자구 하나 하나의 의미와 해석에 매달려 있던 당시 안 교수를 비롯한 우리 동료 교수들도 나로 인해 순암의 수택본에 대해 익히 알고 있었다. 우리들은 농담 삼아 식화지 부분의 수택본이 나타나면 우리의 어려운 작업에 숨통이 트일 것이라는 기대를 말하기도 했다.

안 교수와 함께 중대리를 방문한 때는 기승을 부리던 막바지 추위가 한풀 꺾인 1993년 2월 무렵이었다. 서울에서 성남을 거쳐 광주로 가는 3번국도 옆에 중대리의 종가 댁이 한눈에 들어왔다. 멀리 종가 댁을 감싸고 우뚝 선 영장산(靈長山)과 그 중턱에 순암의 묘소도 보였다. 이 산자락 아래 광주 안씨 일가들이 집성촌을 이루고 있었다. 이곳에서 건장한 체격에 덕스러운 외모를 지닌 종손 병선(秉善) 옹(당시 71세)을 뵙게 되었다.

병선 옹을 통해 종가에 있던 순암 소장본은 대체로 두 갈래로 기증 혹은 반출되었음을 확인할 수 있었다. 한 갈래는 고문서로서 이미 한국 정신문화연구원에 기증되었다고 했다. 기증된 고문서는 1990년에 『고문서집성(8)-廣州 安氏, 慶州 金氏』(한국정신문화연구원 편) 책자로 발간된 바 있다.

다른 한 갈래는 고도서로서 일제시기 조선사편수회에서 빌려 갔다고 했다. 병선 옹은 당시 일제의 조선사편수회가 소달구지 두 대에 도서를 가득 실어 갔다는 사실을 집안의 어른들로부터 전해 들었다고 했다. 조선사편수회에서 책을 빌려 간다는 내용을 담은 '영차증(永借證)'이라는 제목의 한지(韓紙)를 직접 보여 주었다.

 종가 댁에 남아 있는 고서들은 없었다. 순암 수택본의 입수 경위를 설명 드리면서 그 출처를 여쭈었으나 역시 시원한 답변을 얻지 못하였다. 병선 옹의 설명과 함께 여러 정황으로 짐작해 보건대 수택본은 당시 조선사편수회에서 빌려간 도서 속에 포함되어, 순암 종가 댁에서 조선사편수회로 반출된 도서임이 분명하였다. '영차증'이라는 문서를 통해 반출의 경위를 확인한 것이 소득이라면 소득이라 할 수 있었다.

2006년 1월의 종가 댁 전경

조선사편수회의 업무를 인수하여 해방 이후 설립된 기관이 국사편찬위원회이다. 나는 이곳에 나머지 수택본뿐만 아니라 반출된 도서들이 상당수 있을 것으로 추정하고 여러 경로를 통해 그 소재 여부를 문의했으나, 당시 국사편찬위원회는 과천의 국사관(國史館)으로 옮긴 직후라서 관련 도서가 제대로 정리되어 있지 않아 소재를 확인하는 일은 더 시간을 두고 기다려야만 했다. 더욱이 조선사편수회로 반출된 것으로 추정된 수택본이 어떤 경로를 통해 유출되었다가 수십여 년이 지나 시중의 헌책방으로 흘러나왔을까 하는 의문은 전혀 풀 수 없는 수수께끼였다.

그런데 지금도 아쉬운 일은 그때 준비 없이 종가 댁을 방문하여 '영차증'이라는 문서를 복사나 사진으로 남겨두지 못한 일이다. 논문 제출 시한에 쫓겨 이러한 의문들을 접어 둔 채 그해 봄 그동안 정리 조사한 내용을 논문(「동사강목 고려편 검토—순암의 수택본을 중심으로」, 『성곡논총(省谷論叢)』 24, 1993)으로 발표했다. 그리고 이후 10여 년간 해외 방문학자, 학회 임원, 학교 보직 등을 맡으면서 그야말로 눈코 뜰 사이 없이 바쁜 나날이 계속돼, 수택본에 관한 후속 연구는 잠시 내 관심사 밖으로 비껴나 있었다.

2006년 1월 2일 두 번째 순암 종가 댁을 방문하던 날, 안동대학 안병걸 교수(사진 오른쪽)와 순암의 묘소 앞에서.

순암 선생이 생전에 학문을 닦으셨던 이택재의 전경. 뒤의 산 중턱에 선생의 묘소가 있다.

수택본 연구의 끈을 다시 잇다

2005년 여름 평소 학계 소식이나 연구 동향 등에 관한 일로 자주 대화를 나누어 왔던 연합뉴스 김태식 기자로부터 연락이 왔다. 그는 10여 년 전 내가 발표한 논문, 수택본에 관한 원고를 새롭고 쉽게 풀어 쓰면서, 특히 수택본의 입수와 추적 경위, 나아가 순암이 수택본에 주기한 내용이 『동사강목』에 실제로 어떻게 반영되어 서술되었는지를 재미있게 정리하여 출판하면 좋겠다고 제안했다. 또한 이러한 식의 글쓰기가 이전에 시도하지 않았던 새로운 개념의 대중 역사서가 될 수 있다는 사탕 발림식 설득을 덧붙였고, 출판사 고즈윈의 고세규 사장은 손수 작성한 계약서까지 들고 연구실을 방문하여 마치 내가 책을 내기로 승낙이나 한 듯 미리 고맙다고 정중하게 인사까지 했다. 이렇게 두 사람은 필자를 더 이상 빠져나갈 수 없는 궁지로 몰아넣었다.

김 기자의 제안에는 이유가 있었다. 필자가 『동사강목』에 관한 논문을 발표한 잡지는 여러 학문 분야를 묶어 발간하는 성곡 학술재단의 연구지여서, 관련 연구자들이 쉽게 접근하여 읽을 수 없었다. 여담을 하자면 우리들이 힘써 작성한 논문을 유수한 학회지에 실어도, 개인적으로 특별한 관심을 갖지 않는 한, 여유를 갖고 찬찬히 읽는 연구자는 거의 없다. 뒷날 비슷한 주제의 논문을 쓰는 연구자가 나타나야 비로소 읽히게 되거나, 수업 중에 참고문헌 목록으로 올려야 학생들에게 억지로 읽히게 된다. 더욱이 수택본에 관한 필자의 글은 관련 연구자들이 쉽게 찾아볼 수 없는 학술지에 실렸으니 애초부터 관심권 밖이었다.

김 기자는 내가 아는 한 수택본과 『동사강목』의 내용을 분석한 필자의 논문을 가장 빨리 찾아 읽고 관심을 보인 사람 중 하나이다. 직접 연구하는 주제가 아닐 경우에는 보통 거의 읽지 않는 우리 학계의 현실에서 다른 사람이 자신의 글을 읽어 준다는 것은 정말 고마운 일이다. 이 글을 읽은 김 기자는 이전부터 필자를 만나면 순암의 『동사강목』의 자료적 가치에 대해 새로운 차원에서 연구를 해야 하는 필요성을 역설하곤 했는데, 이번에는 작심을 한 듯 출판을 권유했다.

몇 년 전 김 기자는 「사금갑(射金匣) 설화의 역사적 이해」(『민속학연구』 12, 2003)라는 논문에서 『동사강목』 자료를 원용하여 당시 승려와 통정을 했던 왕비를 구체적으로 밝힌 바 있다. 최근에 그의 미발표 원고 「김유신의 흥무대왕 추봉 시기」라는 논문을 얻어 읽은 적이 있다. 이 글에서 김 기자는 다시 『동사강목』 기사를 원용하여 김유신이 흥무대왕으로 추봉된 시기를 흥덕왕 10년(835)으로 밝힌 바 있다. 김 기자가 『동사강목』의 자료 가치를 여러 번 나에게 강조한 것은 고대사의 실체를 해명하는 데 있어 이 책을 통해 적지 않은 도움을 얻은 경험에서 나온 것으로 생각된다.

필자 역시 수십여 년 고려사 연구에 종사하면서 관계 자료의 부족을 절감해 왔다. 이를 위해 조선시대 학인들의 고려사 서술에서 관련 자료의 확장을 시도하려는 욕심을 갖고 있던 터라, 이 점에서 김

기자와 필자는 뜻을 같이해 왔다. 『동사강목』은 그런 점에서 우리 두 사람 사이의 대화에 단골 메뉴로 등장하곤 했다.

그러나 역사서 『동사강목』에 관한 우리 학계의 관심은 사학사의 차원에 머물고 있다. 그리고 연구는 안정복의 생애와 함께 대체로 이 책의 범례와 사론(史論)을 중심으로 접근하는 방식에 그치고 있다. 다른 역사서를 연구하는 경우도 그런 정도에 불과하다. 역사서의 서술 자체를 검토해야 역사서, 나아가 그 역사가의 역사 인식을 제대로 평가할 수 있다. 범례와 사론은 요즈음의 책으로 치면 책의 목차 내지는 서론과 결론에 불과하다. 책 내용 자체를 읽고 분석해야 저자의 치열한 문제의식을 제대로 파악할 수 있다. 요즘 일간지의 서평을 보면 대개 책의 목차와 저자의 서론과 결론을 엮어 작성되는 것이 보통이다. 조선시대 역사서에 대한 연구도 대체로 이 정도 수준에서 진행된 것이라고 얘기한다면 나의 지나친 비약일까?

텍스트 자체에 대한 엄밀한 분석을 통해야 그 책의 진가가 드러난다. 인문학의 정수는 바로 이러한 방식을 구사해야 제대로 나타난다. 역사책 속으로 깊숙하게 들어가야만 거기에 담긴 서술 형식과 내용, 저자의 치열한 문제의식을 접할 수 있다. 사학사 연구 역시 이러한 방법론을 토대로 할 때 비로소 한 단계 도약이 가능할 것이다.

이 책에서는 순암의 수택본을 중심으로 그가 여러 자료를 모아 새롭게 정리한 내용이 구체적으로 그의 역사서인 『동사강목』의 서술에 어떻게 반영되었는지를 검토할 것이다. 비록 수택본은 『고려사』 전체 내용에서 극히 일부분에 지나지 않지만, 작은 부분을 통해 큰 부분을 더듬어 보는 미시적인 분석 방법을 동원할 것이다. 이를 통해 『동사강목』에 대한 새로운 음미, 나아가 새로운 차원의 사학사 연구가 전개되었으면 하는 바람이다.

다시 수택본의 출처를 찾아서

출판사와 우여곡절 끝에 출판을 하기로 했다. 그러나 막상 출판을 하려니 수택본의 출처 문제를 다시 밝혀야 하겠다는 생각이 앞섰다. 생각만 앞섰을 뿐 행동이 따르지 않아 또다시 6개월이 훌쩍 지났다. 다시 경기도 광주의 순암 종가 댁을 방문할 필요가 있었다. 그러고 보니 종가 댁을 방문한 지 벌써 13년의 세월이 흘렀다. 아득한 먼 옛날의 일이 된 셈이다. 늘 아쉬운 일은 첫 방문 때 종손 병선 옹이 필자에게 손수 보여 준, 조선사편수회가 순암의 소장본을 빌려가면서 종가 댁에 남겨둔 한지에 적힌 '영차증'을 그때 바로 필사(筆寫)하거나 사진 등으로 남겨 놓지 못한 일이었다. 우선 그 문서의 내용을 다시 자세하게 확인할 필요가 있었다. 더 이상 이 문제를 미루고서는 출판이 어려울 것 같다는 걱정이 앞섰다.

　이러한 근심을 안고서도 필자가 출판 작업에 선뜻 동의한 것은 게으름으로 찌들어 있는 나태한 심성을 이 기회에 한번 떨쳐 버리자는 욕심도 적지 않게 발동했기 때문이다. 10평도 채 되지 않는 나의 작은 연구실은 마치 잡동사니로 가득 찬 창고처럼 읽다 던져 버린 여러 책들이 정리가 되지 않은 채 곳곳에 수북이 쌓여 있다. 아니 나날이 쌓여 가는 것이 눈에 보일 정도이다. 치우려 하니 그동안 애써 투자한 것이 아깝기도 하고, 그대로 두자니 쌓여 가는 책 더미와 함께 나의 나태함도 첩첩이 쌓여 가는 듯하여 여간 골칫거리가 아니다. 더욱이 읽은 지 며칠 지나지 않은 책을 다시 읽기 위해 찾는 데 수십 분은 족히 걸릴 정도이니 기억력조차도 책 더미 속에 함께 파묻혀 버린 듯하다. 게으른 심성 탓에 이제 정신조차 맑지 못하니, 연구는커녕 매사가 무엇 하나 반듯할 리 없다. 필자의 이러한 푸념을 이해하고 고개를 끄덕이는 이들도 주변에 적지 않다.

출판 작업을 핑계로 이번 기회에 훌쩍 연구실 밖으로 나다니면서 새로운 환경에 휩쓸리다 보면 심신이 새롭게 충전되고, 지긋지긋하게 나태한 자세도 떨칠 수 있게 되지 않을까 하는 생각에 결국 2006년 새해부터 이 작업에 매달리기로 작심하였다. 마침 강의 부담도 없는 방학이 아닌가?

연말부터 종손 댁을 방문하기 위해 예전에 동행했던 한신대 안병우 교수에게 연락을 했다. 언제든 시간이 나면 함께 동행하리라는 승낙을 받기는 했다. 그러나 안 교수는 학교 안팎의 일로 너무 분주하여 약속 잡기가 여간 쉽지 않았다. 승낙을 받았지만 동행을 부탁하는 것이 안 교수에게 오히려 강요하는 꼴이 되어 큰 짐이 되리라는 걱정이 앞섰다. 순암의 또 다른 후손인 안동대학교 동양철학과 안병걸 교수에게 어렵게 동행을 요청하자, 반갑게도 흔쾌히 허락해 주셨다. 2006년 1월 2일 오전 안 교수, 국민대 강사 홍영의 선생과 함께 순암 종가 댁을 다시 방문하게 되었다. 새해 첫 출발을 종가 댁 방문으로 시작한다니 유쾌하였다.

 3번국도에서 종가 댁이 있는 중대리로 들어서자 예전에는 멀리서도 한눈에 들어왔던 종가 댁이 그 입구부터 물류창고 같은 대형건물과 신축주택으로 빼곡히 둘러싸여 있는 등 주위 환경이 너무 변해 있었다. 주위 환경만이 아니었다. 건장하고 덕스러운 모습의 종손 병선 옹은 어느덧 여든넷의 노옹(老翁)으로 변모하셨다. 다만 기력만은 여전하시어 여간 다행스럽고 반가운 마음이 아닐 수 없었다. 장남 갑환(甲煥, 56세) 씨 내외가 이곳에 거주하면서 가사를 거들고 있었다. 그 사이에 새로운 자료가 나왔을 리는 없었다. 다만 예전의 기억을 되살리면서 조심스럽게 병선 옹에게 전에 보여 준 한지에 적힌 조선사편수회의 '영차증'을 다시 한 번 볼 수 있는지 여쭈었다. 그러나 병선 옹은 자료의 소재를 기억하지 못했다. 다시 한 번 자료를 찾아봐 달라는 부탁을 하고, 조만간에 다시 방문하겠다는 말을 남기며 종가 댁을 나올 수밖에 없었다.

 종가 댁 가까이에 있는, 순암 선생이 생전에 학문을 닦으셨던 이택재(麗澤齋)와 이우성 교수님이 쓰신 순암 선생 비문을 둘러보았다. 그리고 새롭게 단장한 순암 선생의 묘소를 둘러보았다. 묘소 주위를 감싸 도는 영장산 자락의 차고도 맑은 공기 속에서 새삼 순암 선생의 따뜻한 숨결을 느끼는 듯하였다. 신년 벽두 첫 나들이로 250년 전 대학자의 숨결과 발자취를 찾아 나선 우리 일행은 새로운 감회와 함께 흡족한 마음을 금할 수 없었다. 내친걸음에 순암 선생이

이우성 교수가 쓴 '문숙공 순암 안정복 선생 숭모비'가 이택재 앞에 세워져 있다.

평소 존경하고 배우고자 했던, 반계 유형원 선생의 묘소까지 참배하였다. 광주에서 그리 멀지 않은 용인에 선생의 묘소는 양지바른 곳에 아담한 모습으로 자리 잡고 있다.

250년이 훌쩍 지난 지금까지도 한 분의 훌륭한 학자를 기리는 사적이 고스란히 보존되어 있는 중대리 광주 안씨 집성촌을 보면서 우리 전통의 힘찬 기운과 맥박을 온몸으로 느꼈던 것은 오로지 나만의 즐거움이었을까? 우리에게 있는 이러한 아름다운 전통의 미덕이 오늘 우리 사회가 세계에 부끄럽지 않은 문화 강국으로 발돋움할 수

순암 묘소에서 내려다본 중대리 광주 안씨 집성촌 전경

있게 하는 보이지 않는 힘이 되지 않을까 하는 생각이 나의 가슴 속에 새로운 느낌으로 다가왔다. 전통의 축적과 계승을 부르짖으면서 오히려 지금 우리는 전통을 외면하고 홀대하고 있는 것은 아닐까?

전산화의 위력

이날 동행했던 안병걸 교수와 이곳저곳을 답사하면서 많은 얘기를 나누었다. 그 가운데 필자의 귀와 눈을 번쩍 뜨이게 한 것은 안 교수의 다음과 같은 조언이었다. 안 교수는 순암 선생의 전적이 국립중앙도서관을 비롯하여 여러 곳에 소장되어 있고, 지금은 대부분의 자료가 전산화되어 굳이 옛날같이 힘들게 발품을 팔지 않더라도 자료의 대략적인 출처는 파악할 수 있을 것이 아니냐는 제안을 하셨다. 그동안 눈부시게 진전된 역사 자료의 전산화라는 대역사(大役事)의 흐름을 수택본의 추적에 활용하는 것이 어떠냐는 제안이었다. 전산화의 혜택을 필자 역시 그동안의 연구에서 적지 않게 누려 왔건만, 정작 순암의 수택본을 추적하는 데에는 그것을 이용할 생각을 전혀 하지 않고 있었다. 지나가는 말처럼 던진 안 교수의 이 한 마디 제안은 10여 년이 훌쩍 지난 지금 다시 순암 선생의 수택본을 찾아 나서는 나의 발걸음을 새롭게 해주었을 뿐 아니라 나머지 순암 선생의 수택본을 추적하는 데 결정적인 도움이 되었다. 이 기회에 안병걸 교수께 다시 한 번 감사의 뜻을 전한다.

안 교수의 조언대로 자료의 소재를 확인하기 위해 이전부터 여러 경로를 통해 접촉하였던 국사편찬위원회 인터넷 사이트에 우선 들어가 보았다. 이곳 사이트에는 '한국사데이터베이스'라는 항목이 있다. 이곳의 '멀티미디어자료-사진유리필름자료'의 고도서(古圖書) 속에는 주요 사료들의 일부를 일제 시기에 유리필름으로 찍어 놓은 것이 있었다.

이 가운데 순암 안정복 구장본(舊藏本) 관련 자료 3건이 유리필름으로 남아 있었다. 우선 2건은 현재에도 쉽게 찾아볼 수 있는 것으로, 『열조통기(列朝通記)』 1책(卷首 부분 3곳)과 『영장산객전(靈長山客

傳)』표지 부분을 찍은 유리필름이었다. 2건의 자료는 다음의 사진과 같다.

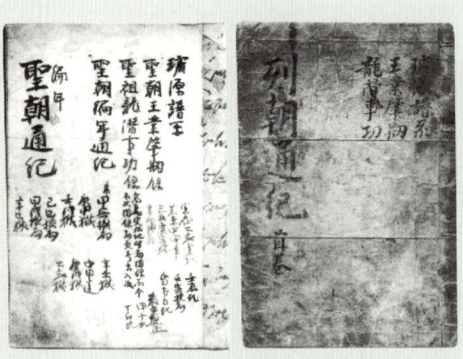
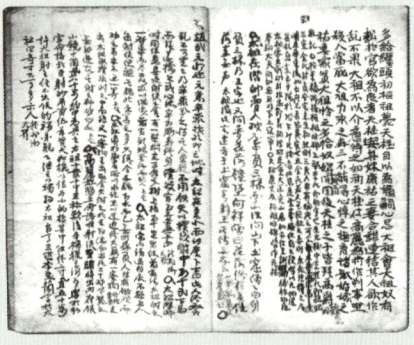
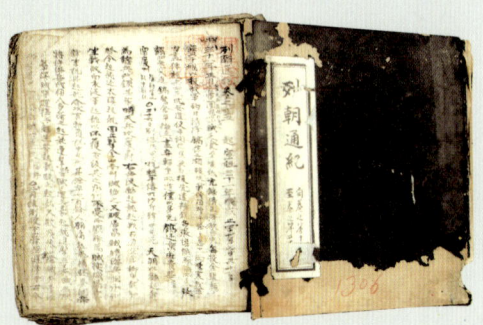

상단 좌우의 사진은 1928년 6월에 찍은 열조통기 유리필름. 왼쪽 사진을 보면 '편년 성조통기'로 되어 있다. 하단 왼쪽 사진은 국민대 도서관 소장 열조통기이다. 하단 오른쪽 사진은 영장산객전의 유리필름이다.

『열조통기』는 조선시대 역사를 순암이 편찬한 책으로『동사강목』의 후속편이라 할 수 있다.『영장산객전』은 순암이 스스로를 '영장산객(靈長山客)'으로 부르면서, 자신의 전기(傳記)를 간략하게 적은 필사본이다. 현재『순암선생문집』(권19)에도 실려 있다.『열조통기』1책의 유리필름은 1928년 6월 7일 찍은 것으로 기록되어 있었다.『영장산객전』의 필름판은 언제 찍은 것인지 일자가 표시되지 않았다. 유리필름 목록에 따르면『열조통기』와『영장산객전초』는 경기도 광주군 경안면 중대리 안학수 씨의 소장본으로 기록되어 있었다.

그런데 놀라운 사실은 나머지 1건의 유리필름이『고려사』1책인데, 이것이 바로 필자가 그토록 찾으려 했던 또 다른 순암의 수택본이었다.

옆의『고려사』유리필름 사진자료에 따르면 이는 조충(趙冲) 열전 첫머리 부분(권103 열전16 卷首 부분)인데, 주기(註記)된 필적은 필자가 갖고 있는 수택본『고려사』의 순암 필적과 같았다. 이 유리필름은 1933년 5월 18일에 찍은 것이다.

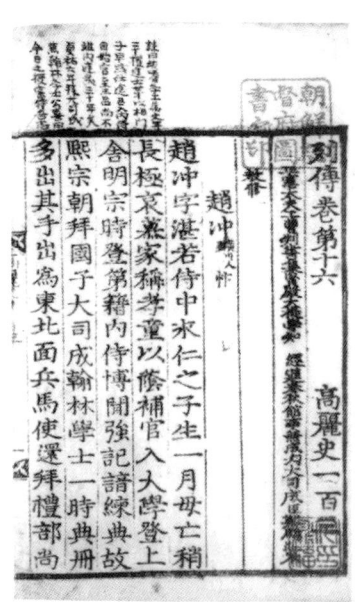

고려사 유리필름. 우측 하단에 '안정복인'이라는 도장이 선명하다. 또한 좌측 상단에는 안정복이 조충의 묘지명을 인용하여 사실을 보충한 내용이 적혀 있다. 필자의 수택본과 다를 바 없는 또 다른 수택본이다.

혹시 원본이 소장되어 있을지도 모른다는 희망을 갖고 2006년 1월 12일 국사편찬위원회를 방문하였다. 자료실장 김현영 박사를 만나 자료 소장 여부를 확인했으나, 관련 원본은 국사편찬위원회가 소장하지 않은 채 필름만 갖고 있었다. 아래 웹사이트 목록 화면에 따르면 필름으로 찍을 당시 소장처는 경성제국대학 부속도서관으로 기록되어 있다.

국사편찬위원회에 유리필름으로 남아 있는 3건의 안정복 관련 자료는 이같이 소장처가 경기도 광주와 경성제국대학의 2곳으로 되어 있었다.

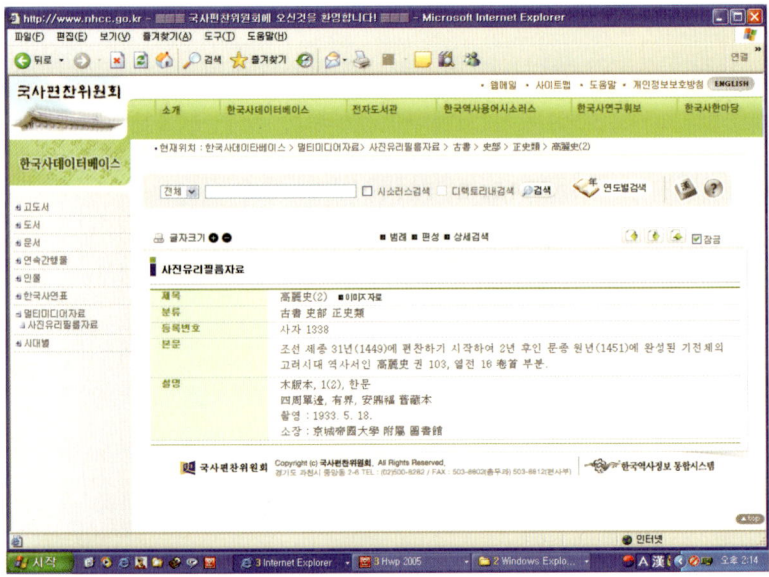

국사편찬위원회 사이트의 고려사 목록 화면. '설명' 항목을 보면, 고려사는 옛날에 안정복이 소장했는데, 지금은 경성제국대학 부속도서관에 소장되어 있다고 한다.

조선사편수회가 보낸 편지

먼저 첫 번째 소장처의 책들을 확인하기 위해 경기도 광주의 순암 종가 댁을 방문하였다. 아울러 일전에 부탁드렸던 조선사편수회의 '영차증'을 종가 댁에서 다시 찾았는지도 확인하기 위해서였다. 그런데 끝내 그 자료는 찾을 수 없었다고 했다. 그 대신 1928년 9월 4일 조선사편수회 회장 명의로 당시 종손이셨던 안붕수(安朋洙, 문서에는 安明洙로 기록하고 있으나, 오기였음을 종손인 병선 옹이 확인해 줌) 씨에게 그동안 빌려간 자료를 반환한다는 내용과 빌려간 4책의 목록이 적힌 문서를 찾아냈다고 하였다. 다음의 사진자료가 바로 그것이다.

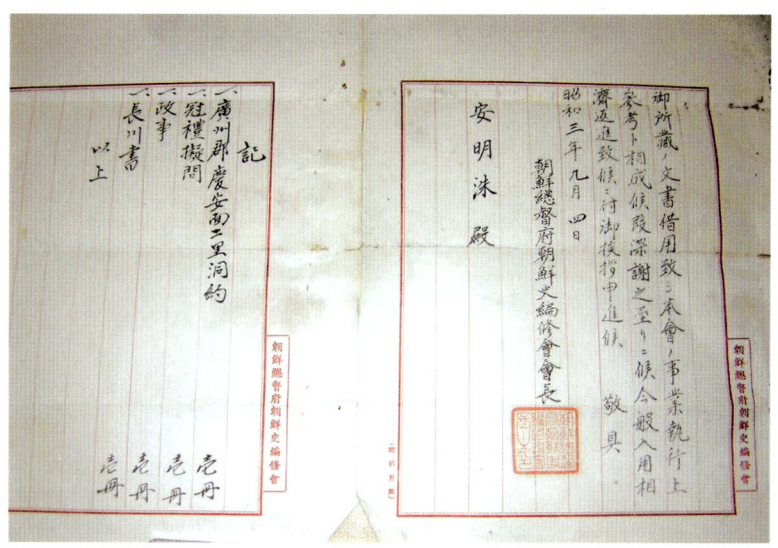

종가 댁에서 찾은 반환 문서. '귀하께서 소장하신 문서를 빌려, 본회가 사업을 하는 데 참고가 되어 감사합니다. 이번에 빌린 것을 귀하께 반환하게 되었음을 알려 드립니다.' 라고 적혀 있으며(사진 오른쪽), 반환한 4권의 도서목록(사진 왼쪽)이 함께 적혀 있다.

같이 반환된 책은 『광주군 경안면 2리 동약(洞約)』, 『관례의문(冠禮擬問)』, 『정사(政事)』, 『장천서(長川書)』 등 모두 4책이었다. 이 책의 소재를 물었으나, 현재로서는 알 수 없다고 하였다. 아쉽게도 '영차증'을 찾지 못했으나, 새롭게 발견된 문서를 통해 당시 순암 종가 댁에 소장된 다수의 고서들이 조선사편수회에 반출되었음을 분명하게 확인하는 소득은 얻은 셈이었다.

한편 국사편찬위원회 사이트에서 확인했던 안학수 씨 소장 『열조통기』와 『영장산객전』의 소재를 여쭈었다. 물론 알 수 없었다. 병선 옹에 따르면 안학수 씨 댁에도 많은 고서들이 있었는데, 아쉽게도 이 집은 한국전쟁 당시 화재로 소실되었다고 한다. 이 댁에 소장된 상당수의 책들은 대체로 이때 모두 소실되었을 것으로 추정된다. 『열조통기』와 『영장산객전』이 안학수 씨의 소장본인 사실로 미루어 보아 당시 조선사편수회에 반출된 책은 종가 댁뿐만 아니라 안학수 씨를 비롯한 중대리 일대 순암 후손들이 개별적으로 소장한 여러 갈래의 고서들이었음을 알 수 있다. 이러한 여러 갈래의 도서들을 조선사편수회가 모아서 반출한 것이 분명하다. 안학수 씨 댁의 도서 일부가 국사편찬위원회 유리필름으로 남아 있는 사실로 볼 때, 1928년 조선사편수회에서 종가 댁에 반납한 4책은 당시 중대리에서 조선사편수회로 반출된 책의 극히 일부분으로 추정된다. 10여 년 전 병선 옹이 당시 반출된 책이 소 달구지 두 수레 분량이었다는 사실을 어른들로부터 전해 들었다고 증언하신 내용으로 미루어 볼 때 더욱 그러하다.

국사편찬위원회에 유리필름으로 남아 있던 안학수 씨 소장 『열조통기』의 촬영 시기는 1928년 6월이다. 그리고 조선사편수회에서 4책을 안붕수 씨에게 반환한 시점은 1928년 9월이다. 참고로 조선사편수회는 1925년 6월에 설립된다. 이 같은 전후 관계로 따져볼 때 순암 선생의 소장 고서들은 늦어도 조선사편수회 설립 이후부터 1928년 6월 이전에 반출된 것이 분명하다. 조선사편수회는 설립되자 곧바로 전국에 걸쳐 주요한 고서들을 집중적으로 수집했음을 미루어 알 수 있다. 이 과정에서 순암 선생의 고서들도 반출된 것이다.

나머지 수택본의 소재를 찾아내다

그러나 이때 반출된 책들이 모두 당시의 소장자들에게 반환된 것은 아니었다. 이는 국사편찬위원회에 유리필름으로 남아 있는 또 다른 순암의 수택본인 『고려사』의 존재를 통해 알 수 있다. 이 책은 앞의 사진자료에서 확인했듯이 1933년에 사진으로 촬영되었다. 이때까지 반환되지 않았다는 명백한 증거가 된다. 이같이 순암 선생이 소장했던 고서들은 일부는 반납되었으나, 대부분의 경우는 조선사편수회, 경성제국대학 도서관 등지로 분산되어 소장되면서 뿔뿔이 흩어졌던 것이다. 국사편찬위원회에 남아 있던 유리필름은 순암의 나머지 수택본 『고려사』를 찾는 데 결정적인 단서가 되었다.

유리필름으로 남아 있는 수택본의 소장처는 경성제국대학 부속

도서관이었다. 일제 시기 경성제국대학의 도서는 대부분 현재의 서울대학교 도서관에 보관되어 있다. 그 가운데 한적본(漢籍本)은 주로 서울대학교에 있는 규장각(奎章閣)에 보관되어 있다. 2006년 1월 13일 규장각을 방문하였다. 필자는 대학원 시절인 1978년에서 1980년까지 이곳에서 도서 해제작업에 참여했던 터라 낯선 곳은 아니었다. 우선 도서목록 가운데 한적본(漢籍本) 『고려사』를 조사하기 시작했다. 모두 20여 질 가량이 소장되어 있었다. 수택본을 찾기 위해 약 1주일간 일일이 목록과 내용을 대조하였다. 이 가운데 1질이 다음의 사진자료와 같은 사실이 목록에 표시되어 있었다.

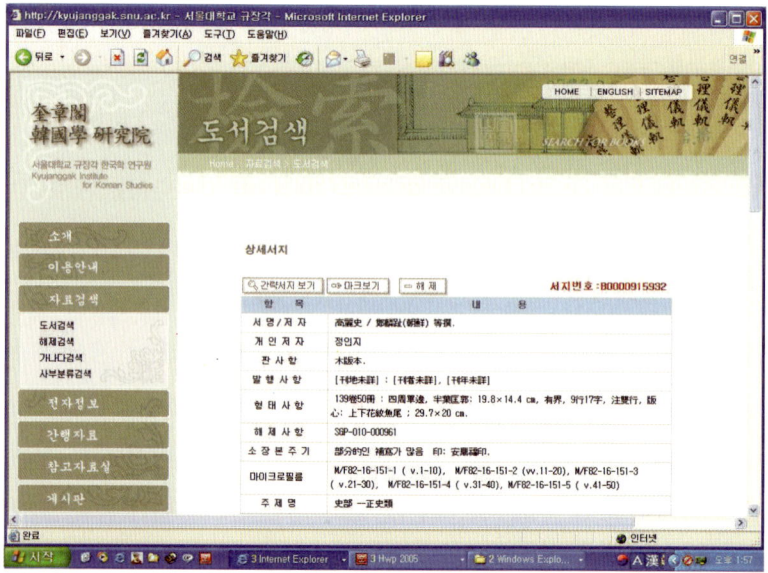

규장각 사이트의 목록 화면. '소장본주기' 항목을 보면, 이 책에 안정복의 도장이 찍혀 있으며, 내용을 부분적으로 보충하여 기록한 곳이 많다고 했다. 안정복의 수택본임을 한눈에 알 수 있다.

위의 목록 화면에서 '소장본주기' 항목을 보면, '부분적인 보사(補寫)가 많음. 인(印) ; 안정복(安鼎福)인'이라 기록되어 있다. 즉 이 한적본 『고려사』에는 안정복의 도장이 찍혀 있으며, 책의 곳곳에 내용을 보충한 기록이 많다고 하였다. 책을 대출하여 본 결과 안정복의 수택본임을 분명하게 확인할 수 있었다.

참고로 『고려사』는 서론과 범례, 목차 등이 담긴 수권(首卷) 2권과 본문 137권의 모두 139권으로 되어 있다. 한적본 『고려사』는 139권을 2~3권 가량씩 1책으로 묶어 모두 50책으로 제본하였다. 다음의 사진자료는 규장각에 소장된 안정복의 수택본 원본 가운데 일부이다.

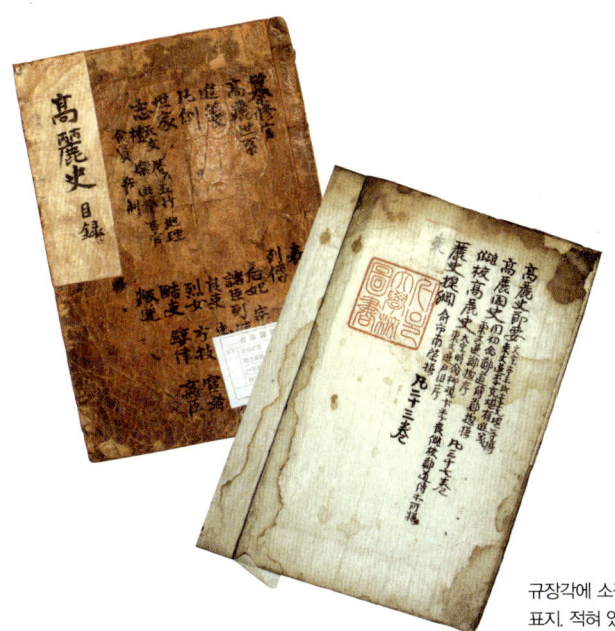

규장각에 소장된 안정복 수택본 첫 권의 겉과 안 표지. 적혀 있는 글은 모두 안정복이 쓴 것이다.

1부 고려사의 길목에서 만난 순암 안정복 45

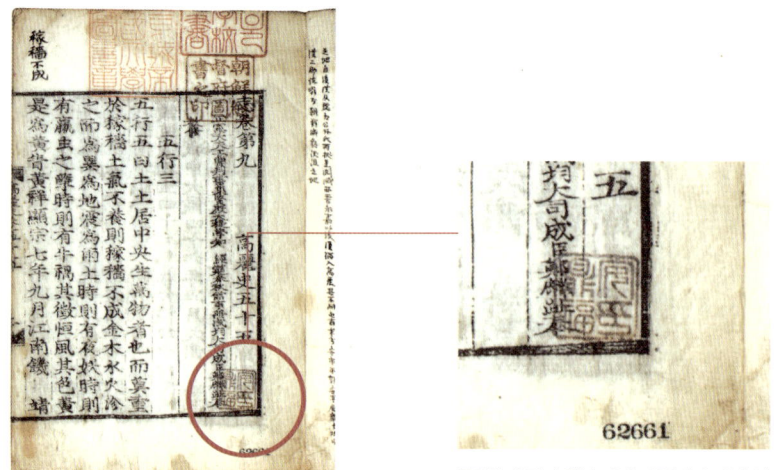

규장각 소장 수택본. 우측 하단의 250년 전 안정복의 도장은 필자가 소장한 수택본의 도장(19쪽 사진 참고)과 같으나, 마치 최근에 찍은 듯 선명하게 남아 있다. 안정복의 수택본임을 한눈에 알게 해 준다.

    또한 위의 사진자료에서도 확인할 수 있듯이 규장각 수택본의 안정복 사각주인(四角朱印)은 필자가 소장한 수택본 첫 장의 것보다 훨씬 선명한 모습이다. 이 사각주인은 규장각 소장본이 바로 수택본임을 분명하게 알려주는 징표가 된다.

    규장각 수택본을 조사한 결과 안정복이 한 곳이라도 주기(註記)한 책은 50책 가운데 42책이었다. 8책은 전혀 주기가 되어 있지 않았다. 물론 관심을 가졌더라도 관련 자료가 충분하지 못해 주기를 할 수 없는 경우도 있었겠지만, 『동사강목』의 내용과 비교해 보면 이는 고려왕조의 역사에 대한 그의 관심도와 관련이 있다. 따라서 안정복이 『고려사』에서 어느 부분에 주기를 하였고, 어느 부분에 주기를 하지 않았는가 하는 문제를 통해 그가 고려왕조의 역사에서 어느 부분에 더 관심을 갖고 자료를 정리했는지 알 수 있다.

50책의 한적본 『고려사』는 제1~17책이 수권(首卷)과 세가, 제18~33책이 지와 표, 제34~50책은 열전으로 각각 구성되어 있다. 주기를 하지 않은 8책은 제18~21책 및 제24~27책이다. 이는 모두 지와 표 부분이다. 표의 경우는 주기가 전혀 없다. 지 가운데 천문(天文), 역(曆), 오행(五行), 예(禮), 악(樂)지는 주기가 전혀 없다. 안정복이 주기를 하지 않은 것은 결국 이러한 역사들에 대해 스스로 관심이 없었거나, 이 부분이 『동사강목』의 주요한 서술 대상이 아니었기 때문으로 여겨진다. 한편 고려왕조의 역사 가운데 군주의 역사를 주로 기록한 세가와 신하의 역사를 기록한 열전 부분은 모두 주기가 되어 있다. 안정복은 고려왕조의 역사에서 군주와 신하 등 주로 지배층의 역사에 더 큰 관심을 갖고 있었다는 방증이 된다. 이는 안정복 개인의 관심사이기보다는, 그의 역사학이 효과적인 통치를 위해 과거의 지배층이 어떠한 통치 행위를 했던가를 살피고 이를 하나의 거울로 삼으려 한 유교 역사 인식에 기반하고 있었기 때문에 그러한 것이다. 실제로 『동사강목』의 고려편은 군주와 신하에 관한 역사인 정치사 위주로 서술되어 있다.

2006년 2월부터 6월까지 틈틈이 시간을 내어 주기한 부분에 대한 촬영 작업을 완료했다. 이 부분에 대한 자세한 분석은 좀 더 많은 시간을 필요로 할 것이다. 자료의 열람과 촬영 과정에서 규장각 관장

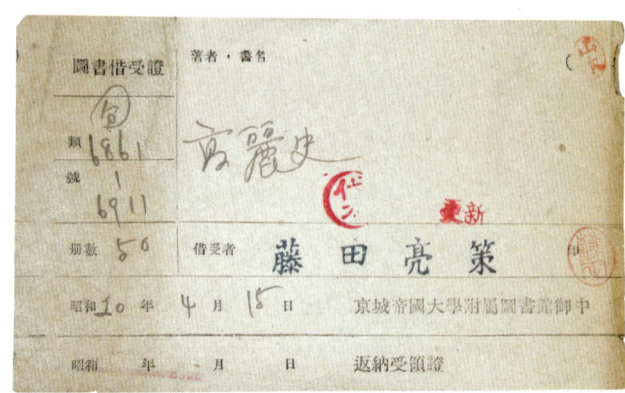

고려시대 묘지명 등 각종 금석문 자료에 해박했던 후지타 요사쿠가 안정복의 수택본을 1945년 4월 15일에 대출했음을 보여주는 카드

님을 비롯하여 서울대 국사학과 이상찬 교수와 규장각 연구원 양진석 선생이 특별히 필자를 위해 여러 가지 편의를 베풀어 주었다. 이 기회에 감사의 뜻을 전한다.

규장각 소장 수택본을 조사 정리하는 과정에서 재미있는 사실을 발견하였다. 수택본 책 속에 위의 사진자료와 같이 이 책의 대출 카드가 한 장 남겨져 있었다.

'차수증(借受證)'이라 표기된 이 카드는 지금의 대출증이라 할 수 있다. 대출 일자는 소화(昭和) 20년 즉 1945년 4월 5일, 대출자는 후지타 요사쿠(藤田亮策)이다. 후지타가 누구인가? 그는 당시 경성제국대학교에서 조선사를 연구하고 강의했던 일본인 고려사 연구자이다. 그는 1930년대 「이자연(李子淵)과 그의 가계」라는 긴 논문을 발표하여 고려 시기 문벌의 존재를 처음 학계에 본격적으로 소개하였다. 그러나 그가 남긴 주요한 연구 성과는 고려시대 묘지명과 종(鐘)

을 비롯한 각종 금석문(金石文) 자료를 발굴하여 고려사 연구 자료의 확대에 커다란 공헌을 한 점이다. 그의 이러한 연구 성과는 『조선금석소담(朝鮮金石瑣談)』으로 묶여 출간된 바 있다. 따라서 후지타는 전고(典故)에 매우 밝은 학자이다. 해방 직전 그가 이 수택본을 대출하여 열람한 사실이 수택본에 끼워진 한 장의 대출카드로 인해 확인이 된 셈이다. 그런데 그가 순암 안정복이나 『동사강목』에 대해 남긴 글은 없는 것으로 미루어 보아, 그가 순암의 수택본임을 확인하기 위해 이 책을 대출하지 않았음을 짐작할 수 있다. 아마도 그는 고려왕조에 관한 사실을 확인하기 위해 도서관에 들러 여러 질의 한적본 『고려사』 가운데 우연히 이 책을 대출했을지도 모른다. 금석문을 비롯해 각종 자료에 대해 매우 식견이 깊었던 그가 대출받은 이 책이 순암의 수택본인 사실을 알았다면, 참새가 방앗간을 그냥 지나칠 수 없듯이 결코 그대로 지나치지 않았을 것이다. 그렇다면 순암 안정복의 수택본은 훨씬 이른 시기에 세상에 공개되었을 것이다. 물론 필자도 수택본을 찾기 위해 지금에 이르기까지 십 수 년간의 고단한 발품을 팔지도 않았을 것이다. 재미있는 사실이다.

도망간 1권의 수택본

이야기 순서가 바뀌었지만, 필자가 규장각에서 처음 수택본을 찾아냈을 당시 가장 궁금했던 일은 필자의 수택본이 과연 규장각에 소장된 수택본과 다른 계통의 책인지의 여부였다. 필자의 수택본은 한적본 『고려사』 50책 가운데 제41책에 해당한다. 이 부분을 먼저 확인하였다. 그 결과 놀랍게도 다음의 사진자료와 같이 규장각 소장 제41책은 누군가 『고려사』 원본을 필사하여 비슷한 모양으로 제책(製册)한 상태로 채워져 있었다. 나머지 49책은 수택본 원본 그대로였다. 따라서 엄밀하게 얘기한다면 현재 50책의 규장각 소장 수택본 『고려사』는 완전한 책인 완질(完帙)이 아니라, 1책이 누군가 필사본으로 채워 넣은 불완전한 것이다. 빠진 원본 1책은 물론 필자가 갖고 있다.

이리하여 『고려사』 수택본의 행방을 추적해 온 긴 여정이 일단락되었다. 그러나 여전히 시원스러운 답변을 얻지 못한 부분도 있다. 바로 다음과 같은 의문의 답이다.

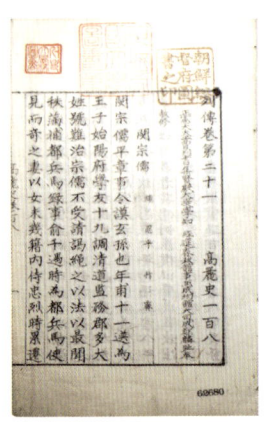 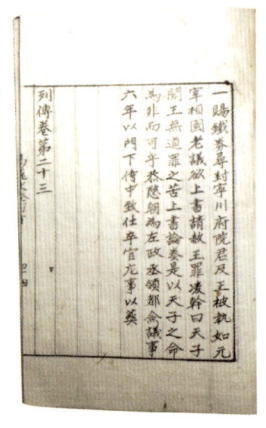

규장각에 소장된 고려사 제41책. 원본은 필자가 가진 수택본이다. 규장각 소장 41책은 사진에서 확인할 수 있듯이 활자가 아니며, 누군가 필사한 상태로 채워져 있다. 표지도 다른 책과 비슷한 색깔로 제책하였다. 그러나 이 책 원본 표지에는 '고려사'라고만 되어 있고(14쪽 사진 참고), 사진과 같이 겉표지에 인명은 기록되어 있지 않다.

이 책의 첫머리에서 필자의 수택본은 제자 홍석화 군이 미아리 부근 헌책방에서 구입한 것이라고 밝혔다. 50책 가운데 왜 하필이면 이 한 권의 수택본만 빠져나왔을까? 제 발로 걸어 나오진 않았을 것인데, 어떤 경로를 통해 유출되었고 다시 이름 없는 헌책방의 책 더미 속에 파묻혔다가 필자의 손으로 들어와 세상의 빛을 보게 되었을까? 또 규장각에서 빠져 버린 수택본 1권을 필사하여 원본에 가깝도록 장정(裝幀)을 하여 채워 넣은 부분도 매우 흥미롭다. 물론 책의 목록에는 1권이 빠져서 필사하여 보충했다는 기록은 없다. 또한 일제시기에 필사본으로 채워 넣었는지, 그 이후에 그렇게 했는지도 알 수 없는 일이다. 이러한 부분에 대해 필자로서는 정확한 답변을 할 수 없는 처지에 있다.

제2부

안정복과 『동사강목』

안정복의 성장기

안정복[1712(숙종 38)~1791(정조 15)]은 본관은 광주(廣州)이며, 자는 백순(百順), 호는 순암(順庵)이다. 충청도 제천에서 출생했으나, 이곳이 그의 집안이 세거(世居)한 곳은 아니다. 출생 후 어린 시절은 서울과 외가인 전남 영광에서 보냈다. 14세 되던 해(1725) 할아버지 안서우(安瑞羽)가 울산부사(蔚山府使)로 발령이 나서, 그곳에서 생활하기도 했다. 서울, 영광 및 울산에서 보낸 미성년기 생활이 그의 학문 형성에 깊은 영향을 끼친 흔적은 찾을 수 없다.

 이듬해 15세 때 할아버지가 울산부사 직을 사임하여 전북 무주에서 칩거하자, 순암 역시 가족과 함께 이곳으로 이주하여 할아버지가 타계한 24세(1735) 때까지 10여 년간을 지낸다. 이 시절은 순암에게는 감수성이 예민한 청소년기에 해당한다. 그는 이 시기에 비로소 학문에 눈을 뜨게 되고 학자로서의 기본 자질을 닦게 된다. 무주에서 생활하던 시절 그에게 영향을 준 사람은 할아버지와 어머니였다. 할아버지는 『사기』, 『자치통감』, 『자치통감강목』 등 중국의 역사서를 섭렵하여 역사학에 조예가 깊은 분이었다. 또한 안정복의 회고에 따르면 어머니 역시 역사에 관심이 깊었고 수준이 상당히 높았다고 한다. 무주 시절 순암은 이같이 가학(家學)을 통해 역사와 학문에 대한 기본 자질을 닦았다.

안정복은 할아버지가 타계한 이듬해인 25세 때(1736) 광주(廣州) 안씨의 세거지(世居地)인 경기도 광주의 텃골(현재의 광주시 경안면 중대리)로 이주한다. 이후 관직 생활을 위해 일시 상경한 때를 제외하면 말년까지 이곳에서 생활한다. 광주에 기거한 처음 10여 년간 안정복은 주로 혼자서 『성리대전』을 읽는 등 본격적으로 성리학 공부를 한다.

스승 반계 유형원과 성호 이익

안정복은 33세 때(1744년) 반계(磻溪) 유형원(柳馨遠, 1622~1673)의 증손인 류발(柳發)로부터 반계의 저술을 얻어 읽으면서 역사와 사회에 대해 크게 눈을 뜨게 되어 학문 생활에 새로운 전기를 맞이한다.

순암의 묘소를 찾은 날 내친걸음에 순암의 학문과 역사 연구에 깊은 영향을 준 반계 선생의 묘소(경기도 용인)까지 참배하였다. 사진 오른편은 안동대 안병걸 교수이다.

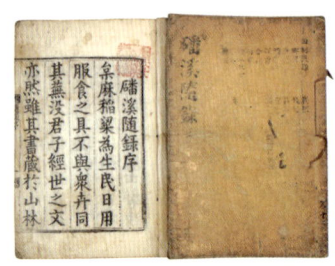

반계 유형원의 개혁사상이 담겨 있는 반계수록(26권 14책). 국민대 도서관 소장본이다.

특히 반계의 『동사강목범례(東史綱目凡例)』, 『동사괴설변(東史怪說辨)』 등을 읽으면서 우리나라 역사에 대해 깊은 관심을 갖고 저술을 결심한다. 안정복의 역사학은 반계의 저술을 통해 비로소 그 기초가 닦이게 된다.

안정복은 35세 때(1746) 당시 경기도 안산에 거주하고 있던 성호(星湖) 이익(李瀷, 1681~1763)을 직접 찾아뵙고 사제 관계를 맺으면서 학문의 기본 방향을 확고하게 다지게 된다. 안정복은 이미 고인이 된 반계 유형원의 저술을 통해 학문적 자극과 영감을 받으면서 그의 학문과 사상을 간접적으로 계승하였다. 그러나 성호 이익은 안정복에게 직접적인 스승이 된다. 성호 선생과의 만남은 그동안 선학(先學)들의 저술이나 스스로의 공부를 통해 다져 왔던 가학(家學)의 테두리를 완전히 벗어나는 계기가 된다. 스승인 성호 이익은 물론이거니와 스승의 많은 문인 제자들과의 접촉을 통하여 순암은 학문과 역사학의 새로운 세계를 접하게 되었다.

한편 반계 유형원과 성호 이익은 인척 관계이다. 성호의 당숙부(堂叔父) 이원진(李元鎭)은 반계의 외숙이며, 반계는 이원진으로부터 학문을 익혔다. 성호가 출생하기 전에 반계가 타계하여, 성호는 그로부터 직접 학문을 전수받을 수 없었다. 그러나 안정복과 같이 성호 역시 반계가 남긴 저술을 통해 그의 학문과 개혁사상에 깊은 영향을 받았다. 따라서 성호 이익과 순암 안정복의 학문과 역사학은 공통적으로 반계 유형원으로부터 깊은 영향을 받는다. 안정복은 다시 성호 이익으로부터 학문을 직접 배우면서 역사 인식과 방법론을 확립한다.

성호 이익은 안정복에게 우리나라 역사를 새롭게 저술할 것을 권유한다. 이같이 성호 선생과의 만남을 통해 안정복은 『동사강목』을 저술해야겠다는 생각을 굳히게 된다. 『동사강목』이라는 책 이름은 반계가 저술한 『동사강목범례』의 명칭에서 이미 나타난다. 『동사강목』의 저술에 성호 이익뿐만 아니라 반계 유형원의 영향이 적지 않

경기도 안산시에 있는 성호 이익의 묘소(위)와 최근 그 주변에 세워진 성호기념관의 모습

았음을 알 수 있다. 안정복은 성호의 제자인 윤동규(尹東奎, 1695~ 1773), 이병휴(李秉休, 1710~1776) 등과 만나 학문적 교류를 하면서 뒷날 『동사강목』 저술에 필요한 역사적 사실과 지리 고증에 크게 도움을 받는다.

이처럼 안정복은 20대 시절의 가학과 30대 시절 스승인 성호 이익과 그 문인 제자들과의 학문적 교류를 통하여 역사학과 학문의 큰 틀을 완성한다. 40대 이후 『동사강목』을 비롯하여 본격적인 저술 활동을 하게 된 것은 30대 시절까지의 이 같은 공부가 바탕이 되었다.

만족스럽지 못한 관료 생활

안정복은 38세 되던 해(1749) 스승 이익의 추천으로 만녕전(萬寧殿) 참봉(參奉)에 부임하였고, 43세(1754)에 사헌부 감찰에 오르기까지 약 5년간 관직 생활을 하였다. 그러나 그는 당시 정계에서 소외된 남인 출신이라 재능에 비해 관직 생활은 크게 순탄하지 않았다. 43세 때 부친이 타계하자 관료 생활을 마감하고 광주(廣州)로 퇴거하여, 다시 관

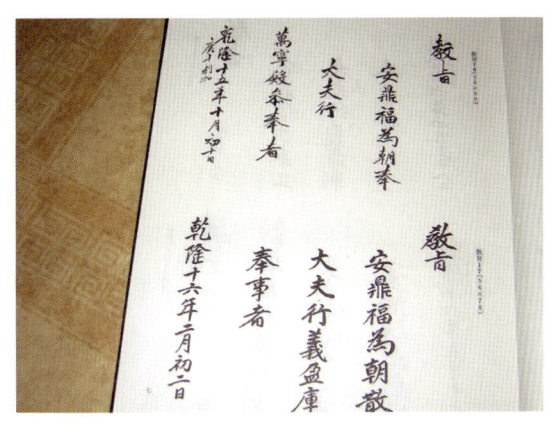

사진 윗부분은 안정복을 조산대부 만녕전(영조의 영정을 봉안한 곳) 참봉으로 임명한 교지(영조 26년, 1750). 아랫부분은 이듬해 의영고(왕실의 꿀, 과일, 녹용 등을 보관 관리하던 관청) 봉사로 임명한 교지. 고문서집에 실려 있다.

직 생활을 시작한 61세까지 약 20여 년간 그곳에 머물면서 학문에 전념하게 된다. 이때『동사강목』(1760)을 비롯하여 스승 이익의 저술『성호사설』을 간추려 쓴『성호사설유편(星湖僿說類編)』(1762)과 『동사강목』의 속편(續篇)이자 조선왕조의 역사책인『열조통기(列朝通紀)』(1769)를 완성한다.

안정복은 61세 되던 1772년(영조 48) 병조판서 채제공(蔡濟恭)의 추천으로 익위사(翊衛司) 익찬(翊贊)으로 서연(書筵)에 참여하는 등 뒷날 정조가 되는 세자의 교육을 담당하는 관직에 임명된다. 정조가 왕위에 오른 1776년에는 정조의 배려로 65세의 나이에 목천현감(木川縣監: 충남 천안)에 임명된다. 이후 68세에 목천현감직을 사임하고 사실상 관직 생활을 마감한 안정복은 79세(1790)에 동지중추부사(同知中樞府事)에 제수되고 광성군(廣成君)에 봉해졌다. 이듬해인 1791년 80세를 일기로 타계하였다. 시호는 문숙(文肅)이다.

『동사강목』의 편찬

안정복은 45세 때인 1756년에『동사강목』을 편찬하기 시작하였는데, 4년 후인 1760년『동사강목』은 일단 완성된다. 성호 이익 역시 역사에 큰 관심을 가지고 있었다. 그의 저술인『성호사설』의「경사문(經史門)」은 역대 왕조의 역사, 지리, 인물 등 우리나라 역사에 대한 높은 식견을 보여 주고 있다. 실제로 여기에 나타난 성호의 역사

지식과 식견이 『동사강목』 저술에 적지 않게 반영되어 있다. 성호는 이를 하나의 저술로 완성시키지 못했으나, 결국 그의 제자 안정복에게 『동사강목』 저술을 부탁함으로써 자신의 역사학을 안정복을 통해 완성했다고 보아도 크게 잘못은 아닐 것이다.

그러한 사실은 안정복이 『동사강목』을 집필하기 시작한 1756년부터 우리나라 역사의 주요한 사건과 인물의 평가 문제, 역대 강역과 지명의 고증 등에 대해 의심나는 점은 일일이 스승인 성호에게 편지를 보내어 질문한 데서 확인할 수 있다. 또한 성호는 안정복의 질문에 대해 자세하게 자신의 견해를 편지로서 답하였다. 안정복이 스승인 성호에게 보낸 편지 내용은 『순암선생문집』 권10에 '동사문답(東史問答)'이라는 제목으로 실려 있다. 한편 성호가 안정복에게 보낸 편지는 『성호전집(星湖全集)』 권24~27에 수록되어 있다.

안정복이 스승 이익에게 보낸 편지 내용 가운데 『동사강목』의 집필 및 편찬과 관련된 사실의 일부를 소개하면 다음과 같다.

"우리나라 역사의 범례(東史凡例)와 지리지(地志)의 의문점에 대해 간략하게 논한 것(論辨)을 올려 드립니다. 가만히 생각하면 이 일은 실로 조용히 병을 구완하고 계시는 선생님께 크게 불편을 끼치는 일이나, 의문이 있어 여쭙지 않을 수 없습니다. 선생님께서 저의 의문에 대해 일정한 방향을 지시해 주시면 그만한 다행이 없겠습니다." (1756년의 편지)

"지금 단군조선에서 삼국 초기까지 한 편의 초고를 완성하여 올려 드

립니다. 조목조목 비판해 주시기 바랍니다." (1756년의 편지)

"『동사강목』 편찬 작업이 저의 병으로 중단되었을 뿐만 아니라, 금년에는 종이가 워낙 귀한데다가 가을이라서 요역(徭役)과 부세(賦稅)에 시달리다 보니 비용을 대기가 매우 어렵습니다. 그래서 아직도 종이를 사놓지 못하고 공연히 좋은 세월을 낭비하고 있으니 가련하고 한탄스럽습니다." (1757년의 편지)

"다만 선생님께서 여러 번 (역사)책을 완성하라는 분부가 있었습니다. 또 여러 역사책을 보면 모두 뜻에 차지 않는 것은 사실이나, 여기에 대해 관심을 가진 사람도 없습니다. 그 까닭에 뒷날 항아리를 덮는 휴지 조각이 될 것을 생각하지 않고, 감히 삼국 이전의 역사를 5권의 초고(草稿)로 완성하여 올려 드립니다. 선생님께서 검토해 주신다면 참으로 다행이라 생각합니다. 다만 선생님께서 병을 구완하시는 데 해를 끼치지 않을까 걱정이 됩니다. 책 머리에 간략하게 몇 자 적어 가르침을 주시어 뜻을 통하게 해주시면 매우 다행이겠습니다." (1759년의 편지)

"『동사강목』 편찬 작업은 여름에 마침 종이 10여 권을 얻어, 앞에서 저술한 것을 이어서 계속 써 내려가 이제 거의 마쳤습니다. 우왕(禑王)과 창왕(昌王)에 대한 의문은 별도의 종이에 적어서 올려 드립니다. 세속의 의논은 쉽게 고양되기 때문에 시비를 따지지 않고 억지로 죄를 만든다면 또한 근신하고 침묵하는 뜻이 아닙니다. 보신 뒤에 곧 없애 버리

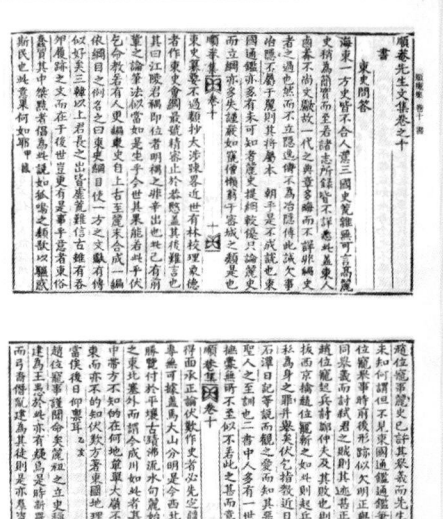

순암이 스승인 성호와 그 문인 윤동규, 이병휴에게 우리나라 역사에 관해 질문을 한 편지를 모은 동사문답. 순암선생문집(권10)에 실려 있다.

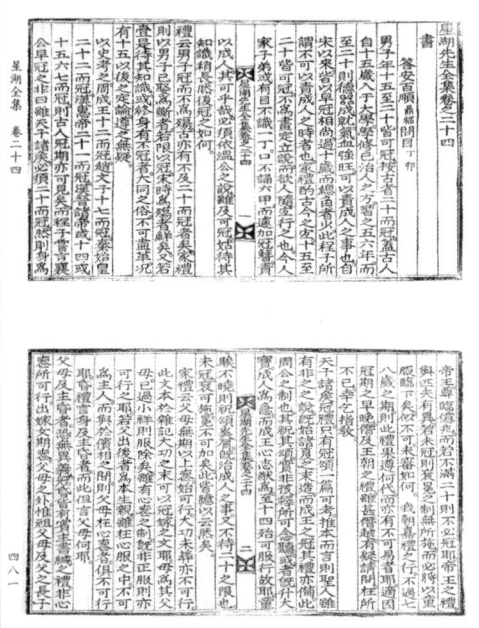

성호 이익이 순암에게 보낸 편지. 성호선생문집(권24~27)에 실려 있다.

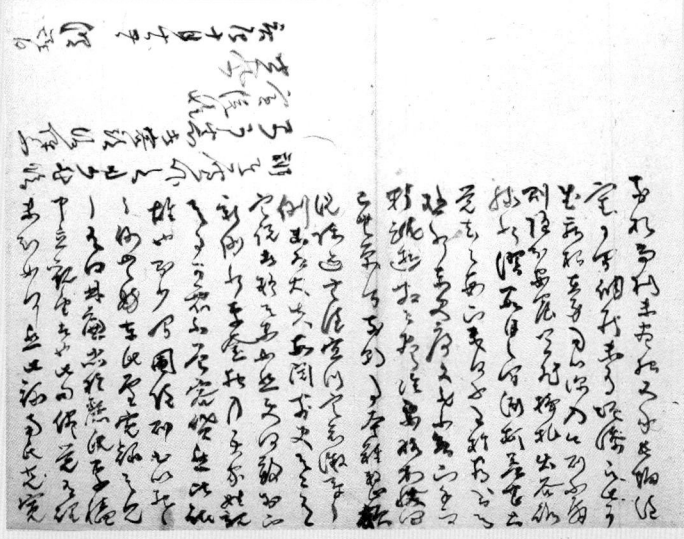

성호 이익이 순암에게 보낸 편지의 원문. 조선시대간찰집모음(한국고서간찰연구회, 다운샘, 2006)에서 재인용.

고, 다시 가르침을 주시면 매우 다행이겠습니다."(1760년의 편지)

안정복이 스승에게 올린 이들 편지 내용에서 확인할 수 있듯이 안정복은 1756년 집필에 착수하여 1760년 전체 초고를 완성하기까지 자신이 의문을 가졌던 사실들에 대해 일일이 스승에게 질문을 하고, 스승의 답변을 기초로 하여 『동사강목』을 저술하였다. 안정복은 스승에게 올린 이들 편지에서 우리나라 역사 전반에 대한 광범위한 내용에 대해 가르침을 청했으며, 실제로 이 편지에 대한 이익의 답변 내용이 『동사강목』 서술에 거의 대부분 반영되어 있다.

참고로 동사문답(東史問答)에 따르면 안정복이 성호 선생에게 보낸 편지는 1754년 1편, 1755년 1편, 1756년 3편, 1757년 3편, 1758년 1편, 1759년 2편, 1760년 1편 등 모두 12편이다. 시기와 주요한 질문 내용을 정리하면 다음과 같다(중복된 내용은 생략하였으며, 같은 해 여러 차례 보낸 편지의 내용은 따로 정리하지 않고 종합하였다.).

1754년 1) 고려 말 우왕이 과연 신(辛)씨의 소생인가

2) 황당무계한 상고의 신화에 대한 의문

1755년 1) 무신 정권기 조위총(趙位寵)의 평가와 서술 문제

2) 개마대산(盖馬大山), 대방(帶方) 등 역대 지리서의 위치 변증(辨證) 문제

1756년 1) 고려 태조 왕건(王建)의 평가와 서술 문제

2) 해모수, 단군과 팽오(彭吳)에 관한 근거 자료

3) 『본기통람(本紀通覽)』의 서적에 대한 문의

4) 동진(東鎭)국의 역사, 대수(帶水), 살수(薩水), 패수(浿水)의 위치 문제

5) 조선(朝鮮), 진한(秦韓)의 칭호 문제, 고조선 관인(官人)의 호칭 문제

6) 기자(箕子)의 주(周)나라 수봉(受封) 문제

7) 『어왜방략(禦倭方略)』, 『삼국사기(三國史記)』, 『고기(古記)』, 『삼국유사(三國遺事)』 내용 검토와 구득(求得) 문제

8) 단군조선에서 삼국 초기까지 완성, 검토 요청. 단군기(檀君紀)의 구이(九夷)에 대한 질문

9) 『자치통감』의 고이(考異)편에 따라 삼국 이전의 역사에서 고이(考異)편 완성, 검토 요청

10) 황룡국(黃龍國)의 위치 문제, 졸본(卒本)의 위치, 신라 시조 김씨의 호칭 문제, 말갈의 위치 문제

11) 고려 말 김주(金澍)의 행적

12) 삼국 이후 역사에서 강(綱)의 항목에 들어갈 역사 정리

1757년 1) 을파소의 평가 문제

2) 공민왕의 후사(後嗣) 문제

3) 『고려사』에서 강감찬, 최충, 이규보, 금의(琴儀)의 평가 문제

4) 최치원의 평가 문제

5) 『편년통록(編年通錄)』의 고려 왕실 서술 문제

　　　　6) 백제 시조 온조의 출자 문제
1758년　1) 대마도(對馬島)의 귀속 문제
1759년　1) 삼국 이전 역사 초고 5권 완성, 검토 요청
　　　　2) 공험진(公嶮鎭), 선춘령(先春嶺), 철령위(鐵嶺衛), 합란쌍성(合蘭雙城)의 위치 문제
　　　　3) 고려 국왕 현종(顯宗), 목종(穆宗), 명종(明宗)의 평가 문제
1760년　1) 고려 국왕 우왕(禑王), 창왕(昌王)의 평가 문제
　　　　2) 이색(李穡), 이숭인(李崇仁), 길재(吉再), 권근(權近), 정몽주(鄭夢周), 이인임(李仁任), 우현보(禹玄寶), 조민수(曺敏修), 변안렬(邊安烈), 최영(崔瑩)의 평가 문제
　　　　3) 『고려사』 서술의 문제

　한편 동사문답에는 성호 선생에게 보낸 12편의 편지 외에 성호의 문인인 소남(邵南) 윤장(尹丈), 즉 윤동규(尹東奎)에게 보낸 편지 2편(1756년과 1759년)과 같은 문인이자 성호 선생의 조카인 이정산(李貞山), 즉 이병휴(李秉休)에게 보낸 편지 2통(1756년과 1758년)이 있다. 이 편지 역시 『동사강목』의 편찬과 관련된 내용들이다. 이를 정리하면 다음과 같다.

• 윤동규에게 보낸 편지
1756년　1) 진번(眞番), 임둔(臨屯), 낙랑(樂浪), 현토(玄菟), 대방(帶方)군의 위치 문제

2) 북옥저(北沃沮), 예맥(濊貊), 말갈(靺鞨), 졸본(卒本), 살수
　　　　　　 (薩水), 패수(浿水), 열수(洌水), 대수(帶水)의 위치 문제
1759년　1) 공험진(公嶮鎭), 합란쌍성(合蘭雙城)의 위치 문제

● 이병휴에게 보낸 편지
1756년　1)『동국통감』,『삼국사기』,『고려사』등의 오류 문제
1758년　1) 단군, 기자, 마한과 위만 삼국의 정통 문제
　　　　　2) 최치원의 평가 문제
　　　　　3) 고려 태조 왕건의 평가 문제

　『동사강목』저술의 전체적인 방향이나 역사적 사건에 대한 평가는 전적으로 안정복의 역사관에 기초하고 있기 때문에,『동사강목』은 안정복의 저술임은 부인할 수 없다. 그러나 위의 편지 내용에서 알 수 있듯이 역사적 사건의 평가와 지명 고증 등에서 안정복은 스승인 이익의 가르침과 함께 그 제자인 윤동규, 이병휴 등의 도움을 적지 않게 받았다. 따라서 안정복의 역사관 형성, 나아가『동사강목』의 완성에는 스승과 그 문인들의 도움이 적지 않았던 것이 사실이다. 그런 점에서『동사강목』은 스승인 이익을 비롯한 그 문인 제자들의 공동 저술의 형태로 보아도 잘못은 아닐 것이다.
　앞의 편지 내용에서도 알 수 있듯이『동사강목』저술을 시작한 지 불과 2년이 지난 1757년에 안정복은 병으로 인해 저술에 상당한 어려움을 겪었다. 2년 뒤인 1759년, 병이 더 악화되자 안정복은 동생

정록(鼎祿)과 아들 경증(景曾)에게 다음과 같은 유서를 남겼을 정도로 『동사강목』의 완성에 집착하였다.

"『동사강목』은 가장 노력을 기울인 것이지만, 겨우 고려의 인종(仁宗) 연간에 머물렀다. 그러나 지리고(地理考)와 기타의 변증(辨證)을 많이 갖추었으니, 남다른 견식이 있는 자가 본다면 더러 취할 만한 것이 있기도 할 것이다. 너희들은 재주가 둔하여 계속해서 완성하지 못하겠지만, 연소한 벗들 가운데 이원양(李元陽)과 권기명(權旣明)은 참으로 전도가 유망한바, 장석(丈席)을 의탁할 수 있을 것이다. 또 이 책이 우리나라에 아직까지 없었던 책으로서 여기에 거는 기대가 적지 않으니 매몰되는 것이 애석하다고 한다면 어찌 두 벗의 마음이 움직이지 않겠느냐. 중간 중간 정리하고 윤색하는 일은 대장(大匠)의 솜씨에 맡겨야 할 것이다."(『순암선생문집』 권14 「아우 정록과 아들 경증에게 주는 유서[示弟鼎祿子景曾遺書]」 기묘년)

이와 같이 안정복은 『동사강목』의 완성을 위해 이원양[李元陽; 이구환(李九煥), 성호의 손자]과 권기명[權旣明; 권철신(權哲身), 사위인 일신(日身)의 형]에게 집필을 맡기고, 대장[大匠; 윤동규(尹東奎)를 지칭]에게 마지막 윤문을 부탁한 유서를 남겼다(『순암집』 권14).

유서를 작성한 시점인 기묘년(1759)은 『동사강목』이 완성되기 1년여 전이다. 이때까지 안정복은 병으로 인해 고려 중기인 인종 때까지 겨우 완성하였다고 했다. 그 이후 부분의 완성을 위해 유서를

'이 책은 우리나라에 아직까지 없었던 책으로 여기에 거는 기대가 적지 않다.' 순암이 동사강목에 거는 기대가 적지 않음을 보여주는 대목이다. 본문에 인용한 편지 내용은 사진의 색칠한 부분이다.

남겼던 것이다. 참고로 현재의 『동사강목』은 본문만 모두 17권이다. 이 가운데 고려 인종 때까지는 8권으로서 전체의 절반이 채 되지 않는다. 따라서 나머지 부분은 1년 동안 그의 동료, 문인과 제자들에 의해 급속히 집필되었음을 알 수 있다.

『동사강목』의 체제

『동사강목』은 앞에서 밝혔듯이 1756년 저술에 착수하여 1760년경에 일단 완성된다. 1760년은 『동사강목』의 초고가 완성된 시점으로 보는 것이 옳다. 저술 작업 중에도 안정복은 병으로 인해 작업을 중단하는 경우가 있었고, 특히 초고가 완성되기 1년 전인 1759년 무렵까지도 전체의 절반에도 미치지 못한 고려 인종 때까지밖에 집필하지 못했다. 그나마 1년 만에 급속하게 마무리 지을 수 있었던 것은 주변 문인과 제자의 도움 덕이었다. 따라서 1760년 일단 완성된 『동사강목』은 사서로서의 완전한 체제를 갖추기 이전의 초고 형태로 보는 것이 옳다.

이러한 사실을 뒷받침하는 예는 더 들 수 있다. 『동사강목』의 서술 범위가 고조선에서 고려 말까지 오랜 기간이라는 점이다. 이에 따라 초고의 작성 기간에 미처 구하지 못해 참고하지 못한 역사책과 자료가 적지 않았으며, 새로운 자료의 수집에 따라 내용을 보충하는 작업은 계속 필요하였을 것이다. 『동사강목』은 전체 17권이나, 각 권은 다시 상·하로 나누어져 있어 실제로는 34책이나 된다. 또한 서론과 부록 자체도 상당한 분량이다. 30여 명의 역사학자가 참여한 관찬사서 『고려사절요』가 35책인 점을 감안하면 개인의 저술인 『동사강목』은 상대적으로 매우 분량이 많은 역사책이다. 따라서 4년간의 작업으로 쉽게 마무리 지을 수 없었던 것이다.

『동사강목』이 완성된 이후 성호 선생의 부탁으로 선생의 저술 『성

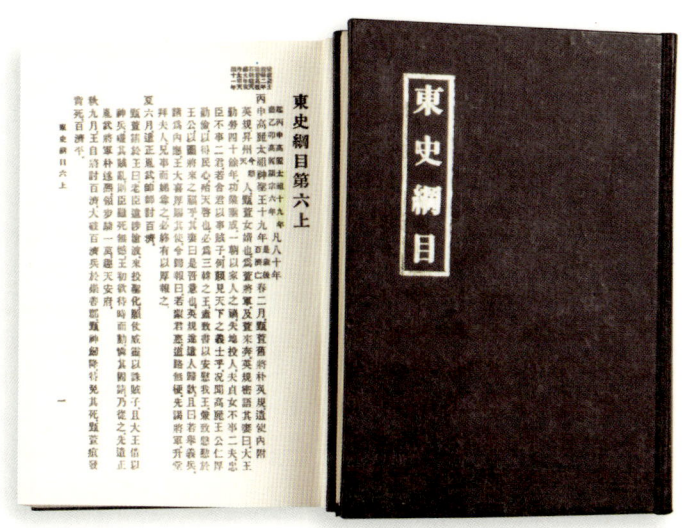

동사강목 활자본은 고서간행회와 경인문화사에서 간행된 것이 있다. 사진은 경인문화사 간행본이다.

호사설』을 간추린 『성호사설유편』(1762년, 51세)과 『동사강목』의 속편(續篇)이자 조선왕조의 역사책인 『열조통기』(1769년, 58세)를 완성하였다. 이후 세자인 정조의 교육을 담당하여 서연에 참석하던 1774년 무렵, 정조는 『동사강목』의 열람을 요청한다. 안정복은 이를 계기로 『동사강목』을 본격적으로 마무리하는 작업에 착수한다. 67세 되던 1778년(정조 2)에 『동사강목』의 서문을 작성하는데, 대체로 이 무렵 『동사강목』이 비로소 완성된 것으로 생각된다. 『동사강목』의 초고가 완성된 지 만 18년 만이다.

이렇게 긴 시간이 소요된 것은 초고가 완성된 후 『성호사설유편』

과 『열조통기』의 계속된 저술 작업과 관직 생활로 『동사강목』을 보완할 시간이 없었기 때문이다. 1781년, 『동사강목』을 궁궐로 올리라는 정조의 교서에 따라 책을 정조에게 바친다. 그러나 안정복이 타계할 때까지 『동사강목』은 간행되지는 못하였다.

완성된 『동사강목』의 체제는 다음과 같다.

수권(首卷)

제동사편면(題東史篇面), 동사강목서(東史綱目序), 목록, 동사강목 범례(凡例)

도(圖) : 상(上)-동국역대전수지도(東國歷代傳授之圖), 전세도(傳世之
　　　　　　圖 : 단군기자, 신라, 고구려, 백제, 고려)

　　　　　중(中)-지도

　　　　　하(下)-관직연혁도(官職沿革圖)

본편(本編)

권1상 : 조선, 마한

권1하~권4상 : 삼국(AD 10~668년)

권4하~권5하 : 문무왕 9년(669) ~ 경순왕 9년(935)

권6상~권17 : 태조 19년(936) ~ 공양왕 4년(1392)

부권(附卷)

상권(上卷) : 상(上)-고이(考異), 중(中)-괴설변증(怪說辨證), 하(下)-

잡설(雜說)

하권(下卷)：지리고(地理考), 강역연혁고정(疆域沿革考正), 분야고(分野考)

위에서 알 수 있듯이 『동사강목』은 크게 수권(首卷), 본편(本編), 부권(附卷)의 세 부분으로 구성되어 있다.

수권(首卷)의 제동사편면(題東史篇面)은 제자 안정복의 요청으로 이익이 생전에 『동사강목』의 서문으로 작성한 홍범설(洪範說)과 거기에 1774년 이익의 조카 이병휴(李秉休)가 덧붙여 쓴 발문이다. 성호는 이때 타계했기 때문이다. 동사강목서(東史綱目序)는 1778년에 안정복이 작성한 것이다. 이로 보아 수권의 발문, 서문은 책이 완성될 무렵에 최종적으로 작성된 것으로 생각된다.

본편(本編)은 모두 17권이며, 고려왕조사 이전은 5권으로 전체의 3분의 1이 되지 않는다. 나머지 12권은 모두 고려왕조의 역사로 채워져 있다. 대체로 1760년에 완성된 초고가 본편의 바탕을 이루었으며, 서문이 완성되는 1778년까지 지속적으로 내용이 보완되었을 것으로 추정된다.

본편은 외형적으로 시간의 순서에 따라 역사를 서술하는 편년체(編年體) 형식이다. 그러나 『동사강목』을 강목체(綱目體) 역사책으로 부르는 것은 이 책의 수권(首卷)에 실려 있는 동사강목 범례(凡例)에서 밝힌 이 책의 편찬 원칙 때문이다. 즉 역대 왕조와 군주를 정통과 무통으로 엄격하게 구별하고, 왕조와 군주에 대한 찬역(簒逆), 즉 충성과 반역을 엄중하게 밝히고, 유교적 가치 기준에 따라 역사적 사실에 대한 시비를 바르게 한다는 원칙이 범례에 자세하게 정리되어 있는 것이다. 이 기준에 따라 중요한 사실은 강(綱)의 항목에서 서술하고, 그보다 비중이 낮다고 판단되는 사실은 목(目)의 항목에서 서술하였다. 목에 해당하는 사실의 서술은 강보다 한 행 정도 글자를 줄여 서술을 시작하거나, 강의 항목은 별도의 표제(標題)를 붙여 목의 항목과 구별하여 서술하는 형식이 강목체 형식의 역사 서술이다. 『동사강목』은 바로 이와 같은 형식으로 서술된 역사책으로서, 제목 자체에서 이미 그 형식을 엿볼 수 있다.

한편 부권(附卷)은 『동사강목』 본편의 완성 이전에 미리 편찬되었던 것으로 생각된다. 『동사강목』 편찬에 착수한 1756년에 안정복은 성호 선생에게 "우리나라 역사의 범례(東史凡例)와 지지(地志)의 의문점에 대해 간략하게 논한 것(論辨)을 올려드립니다."라 하였으므로, 『동사강목』 수권의 범례와 부권의 지리고(地理考)는 본편의 완성 이전에 편찬되었음을 알 수 있다. 따라서 안정복은 『동사강목』의 본편을 편찬하기 위해 먼저 필요한 지리에 관한 고증이나 신화와 전설 등에 관한 의문점에 대해 사실 관계를 밝혀 부권을 완성한 다음, 그 내용을 본편을 서술할 때 반영하였다고 할 수 있다. 즉 본편의 서술 가운데 일부는 이같이 부권을 토대로 하여 작성되었다.

제3부

『고려사』는 어떤 책인가

최고 편찬자의 이름이 뒤바뀐 『고려사』

『고려사(高麗史)』는 『고려사절요(高麗史節要)』와 함께 고려왕조(918~1392)의 역사를 가장 충실하게 담고 있는 대표적인 역사서이다. 현재 우리들이 알고 있는 고려왕조에 대한 역사 지식의 대부분은 이 책에 실려 있다. 이 책은 고려 당대에 저술된 것은 아니지만, 현재 전해지는 고려시대 역사서 가운데 가장 오래된 것이다.

『고려사』는 1451년(조선 문종 1) 정인지〔鄭麟趾, 1396~1478(태조 5~성종 9)〕, 『고려사절요』는 그 이듬해 김종서〔金宗瑞, 1390~1453(공양왕 2~단종 1)〕에 의해 각각 편찬되었다. 그러나 이들은 편찬 책임자에 불과하다. 『고려사』는 편찬 책임자 정인지를 포함하여 32명의 역사

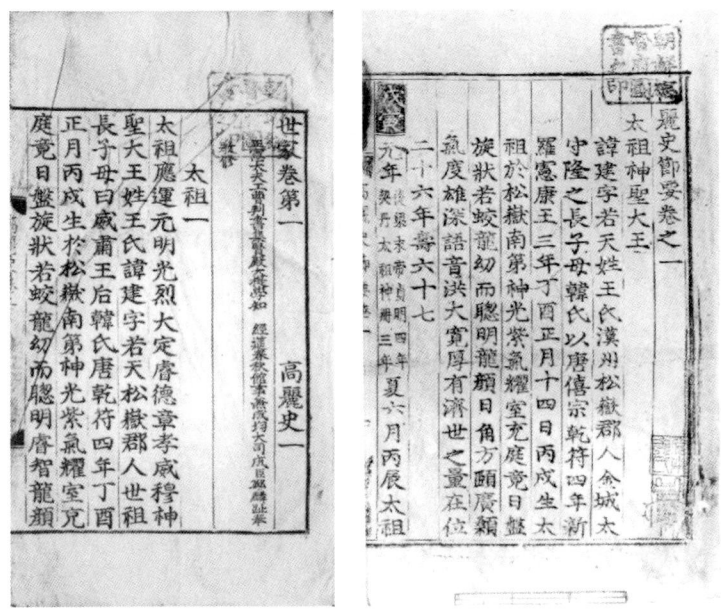

현재 고려왕조의 역사를 기록한 역사책으로 가장 오래된 것은 고려사(1451년 편찬, 사진 왼쪽)와 고려사절요(1452년 편찬)이다.

가, 『고려사절요』는 편찬 책임자 김종서를 포함하여 27명의 역사가들이 국왕의 명령에 의해 참여하여 편찬한 이른바 관찬사서(官撰史書)이다.

고려 인종 때(1145) 편찬된 『삼국사기(三國史記)』도 국왕의 명령에 따라 편찬 책임자 김부식(金富軾)을 포함한 14명의 역사가에 의해 편찬되었다는 점에서 『고려사』와 다르지 않다. 그러나 『삼국사기』에는 김부식의 사관이 담긴 사론(史論)이 30개가 실려 있다. 관찬사서임에도 『삼국사기』의 전체 내용과 방향은 김부식의 사론과 대체로

3부 『고려사』는 어떤 책인가 77

일치한다. 김부식의 생각이 『삼국사기』의 서술에 크게 영향을 미쳤던 것이다. 따라서 김부식의 사관에 대한 이해 없이는 『삼국사기』를 제대로 이해할 수 없다. 『삼국사기』가 관찬사서임에도 '김부식의 『삼국사기』'로 이름을 붙이는 이유는 바로 이 때문이다.

그렇다면 『고려사』를 '정인지의 『고려사』'로 이름 붙일 수 있을까? 일단 『고려사』에는 편찬 책임자의 사론을 찾아볼 수 없어 그런 이름을 붙이기가 망설여진다. 편찬 책임자도 원래는 정인지가 아니었다. 『고려사』의 서문인 '진고려사전(進高麗史箋: 『고려사』를 완성하여 올리는 글)'의 작성자가 정인지로 되어 있기 때문에, 『고려사』는 정인지가 편찬했다고 교과서에 실려 있다. 그런데 조선왕조실록 문종 1년(1451) 8월 25일자에 『고려사』가 완성되었다는 사실과 함께 김종서가 올린 글이 실려 있다. 이 글은 『고려사』의 서문인 '진고려사전'과 글자 한 자 틀리지 않은 같은 내용이다. 같은 글에 대해 작성자가 다르게 나타난 이유는 무엇일까?

1451년에 편찬이 완료된 『고려사』는 1454년(단종 2) 인쇄되어 공식적으로 반포되었다. 이 사이에 큰 사건이 있었다. 출간

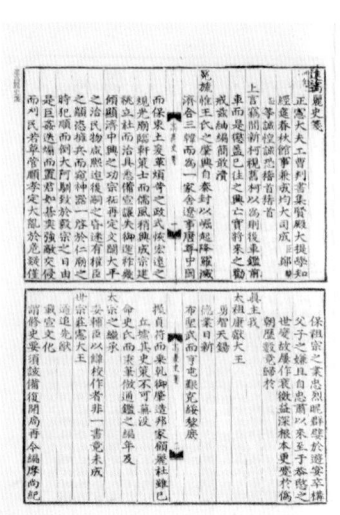

고려사 첫머리에 실린 정인지의 서문. 같은 내용의 서문이 조선왕조실록에는 김종서가 쓴 것으로 되어 있다.

한 해 전에 수양대군(뒤에 세조)이 권력을 장악하면서 단종을 지지했던 정치인을 대거 제거한 사건, 이른바 '계유정난(癸酉靖難)'이 있었고 그 사건에 연루되어 김종서가 희생되었던 것이다. 사건 직후에 『고려사』가 출간되면서 편찬 책임자는 김종서에서 정인지로 바뀌었다. 수양대군이 실록까지 수정할 수 없었기 때문에, 실록에는 김종서가 『고려사』를 편찬한 것으로 기록되어 있다. 반면 『고려사절요』는 『고려사』보다 한 해 늦게 완성되었지만 계유정난 직전에 인쇄 출간되었기 때문에 이 책의 첫머리에는 김종서가 쓴 '진고려사절요전(進高麗史節要箋)'과 함께 편찬의 최고 책임자로 김종서의 이름이 남을 수 있었다.

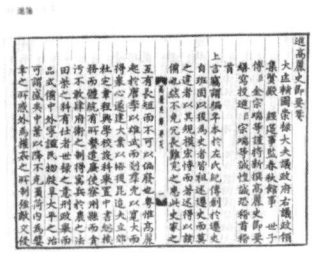
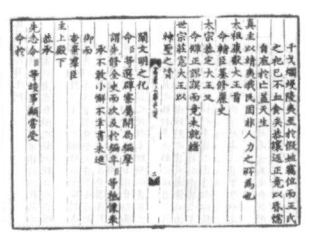

김종서가 쓴 고려사절요 서문

정치 논리에 따라 책의 편찬 책임자가 바뀐 조선 초기의 현실은 그리 놀라운 일이 아니다. 고려 역사 서술에 있어 60여 년간 개정에 개정을 거듭하며 끊임없이 편찬 내용과 방향에 대해 논의해 온 과정을 살펴보면, 편찬 책임자의 교체는 그러한 과정을 마무리 짓는 마침표에 불과하다. 정치와 역사는 별개의 독립된 존재가 아니라, 서로에게 영향을 끼치는 불가분의 관계라는 사실은 『고려사』 편찬 과정을 살펴보면 분명하게 이해할 것이다. 이는 곧 『고려사』의 특성을 이해하는 하나의 지름길이 된다.

현재의 『고려사』는 세가(世家) 46권, 지(志) 39권, 연표(年表) 2권, 열전(列傳) 50권, 목록(目錄) 2권 등 모두 139권이다. 이 책이 완성되기 전까지 3차례의 고려왕조사 편찬이 있었다. 최초의 편찬은 1396년(태조 5) 정도전 등에 의해 편찬된 『고려국사(高麗國史)』이다. 다시 유관(柳觀), 윤회(尹淮) 등이 1423년(세종 5) 『수교고려사(讎校高麗史)』를 편찬하였고, 이어서 1442년(세종 24) 신개(申槩), 권제(權踶) 등이 『고려사전문(高麗史全文)』을 편찬하였다. 1451년 현재의 『고려사』가 편찬되기까지 무려 55년이 걸린 셈이다. 3년 만에 현재의 『고려사』가 완성되었다고는 하나, 이 같은 3차례의 편찬 경험이 없었더라면 그렇게 단기간에 완성될 수 없었을 것이다. 불행하게도 현재의 『고려사』를 제외한 다른 역사책은 이름만 남아 있고, 책은 전해지지 않는다.

그렇다면 고려왕조사가 『고려사』로 완성되기까지 무려 60여 년이라는 오랜 시간이 걸린 이유는 무엇일까? 이에 대한 해답을 구하는 일은 『고려사』의 성격을 이해하는 매우 중요한 단서가 될 것이다.

다음은 조선왕조실록 문종 1년(1451) 8월 25일자 기사로서 지춘추관사(知春秋館事) 김종서가 139권의 『고려사』를 완성한 후 왕에게 올린 글 가운데 일부이다.

"돌이켜 보면, 고려의 사직은 없어졌으나, 그 역사는 없앨 수 없다고 하시면서, (태조대왕께서) 통감〔사마광(司馬光)의 『자치통감(資治通鑑)』〕의 편년체를 본받아서 역사를 편찬하게 하셨습니다. … 세종대왕께서 … 신하들에게 명하여 범례는 사마천(司馬遷)의 『사기(史記)』를 본받게 하였습니다. 대의는 왕의 지시를 받아, 본기(本紀)를 피하여 세가(世家)라 한 것은 명분이 중요함을 나타낸 것입니다. 가짜 왕(僞朝) 신씨(辛氏: 우왕과 창왕)를 낮추어 열전(列傳)에 넣은 것은 왕위를 도둑질한 데 대한 형벌을 엄하게 한 것입니다. 충성스러움과 망령됨, 잘못과 올바름을 종류별로 나누고, 제도와 문물을 종류별로 모아 통치의 기강이 문란하지 않고 연대도 알 수 있도록 했습니다. 사건의 자취는 자세하게 했으며, 빠뜨린 것은 덧붙이고 바로잡았습니다. … 지금의 왕(문종)께서 이 일을 계승하시어 신으로 하여금 이 일을 책임지게 하여, 관청에 소장된 여러 기록들을 참고하여 3년 만에 고려왕조의 역사를 완성하였습니다."

위의 글은 『고려사』 첫머리에 정인지가 작성한 것으로 되어 실려 있는데, 그 사정은 앞에서 설명한 대로이다. 어떻든 서문으로서 이만큼 이 책의 성격과 방향을 함축적으로 정리한 글도 없을 듯하다. 이에 따르면 고려왕조의 역사 편찬에서 가장 고심했던 문제는 세 가지였다. 편년체(編年體)에서 기전체(紀傳體)로의 서술 체제 변동, 고려 말 우왕대 이후의 역사 서술 문제, 마지막으로 사대명분론의 문제였다.

편년체에서 기전체로

위의 글에 따르면 『고려사』 편찬에서 첫 번째로 고심했던 문제는 바로 서술 체제였다. 즉 태조 때 편찬된 『고려국사』는 사마광의 『자치통감』을 모델로 편찬되었다고 했는데, 서술 체제는 편년체였다. 윤회 등이 편찬한 『수교고려사』 역시 그 서문에 따르면 편년체로 편찬되었다. 그런데 지금의 『고려사』는 사마천의 『사기』를 모델로 한 기전체로 편찬되었다. 이보다 앞서 1442년에 편찬된 『고려사전문』 역시 기전체로 편찬되었다. 이같이 편년체에서 기전체로 서술 체제가 바뀌는 과정에서 60년이라는 긴 시간이 걸렸던 것이다.

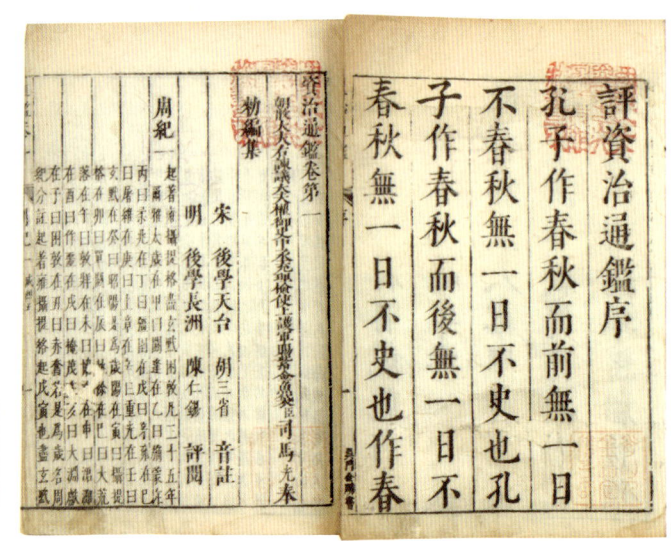

송나라 역사가 사마광이 편찬한 자치통감. 정도전 등이 편찬한 편년체 고려국사는 이 책을 모델로 하였다. 국민대 도서관 소장본이다.

왜 역사 서술에서 서술 체제가 문제가 되었을까? 1452년(문종 2) 2월 20일 김종서 등이 새로 찬술한 『고려사절요』를 바치면서 올린 전문(箋文)에 이에 대한 답이 실려 있다.

"편년체는 좌씨[『춘추좌씨전(春秋左氏傳)』]에서 근본하였고, 기전체는 사마천의 『사기』에서 처음 시작하였습니다. 반고[班固; 『한서(漢書)』 편찬] 이후에 역사를 쓰는 사람들은 모두 사마천의 사기를 근본으로 하여 역사를 편찬한 것은 (서술의 범위와) 규모가 넓고 내용을 자세하게 서술할 수 있기 때문입니다. 그러나 내용이 쓸데없이 많아서 (사실을) 밝히기가 어려운 단점이 있습니다. 이는 역사가들이 갖게 되는 장점이자 단점이지만, 둘(기전체와 편년체) 가운데 어느 한곳을 취하여 다른 것을 버릴 수 없는 일입니다."

이에 따르면 기전체는 서술의 범위가 넓고 사실을 자세하게 기록하는 장점이 있으나, 너무 쓸데없는 내용이 많고 사건에 대해 체계적으로 이해하기 어려운 단점이 있다고 한다. 그렇다면 편년체는 시간의 순서에 따라 사실을 한곳에 종합하고 축약하여 정리하는 장점 때문에 읽는 사람에게 매우 편리한 체제라는 뜻이 된다. 송나라 사마광이 기전체로 쓰인 중국 역대 17왕조의 방대한 역사를 5분의 1로 축약한 편년체의 『자치통감』을 찬술했고, 이것이 널리 읽힌 것은 바로 이 때문이다.

하나의 사건은 정치, 경제, 사회 등 여러 복합적인 요인이 실타래

처럼 얽혀 있고, 오랜 시간에 걸쳐 전개되기 때문에 편년체 형식만으로는 같은 시점에 함께 요령 있게 서술하기가 쉽지 않다. 이러한 단점을 극복하는 데 기전체 서술 체제는 매우 적합하다. 역사를 읽는 사람들에게는 관련 기록을 하나하나 본기나 열전에서 찾아 읽는 번거로움이 있지만, 사건의 내용과 성격에 따라 본기, 지, 열전 등에 각각 나누어 서술함으로써 관련 기록을 자세하게 남길 수 있는 것이 기전체의 장점이다. 역사 편찬자에게 기전체는 대단히 편리한 서술 체제이지만, 편년체는 반대로 읽는 사람에게 편리한 서술 체제이다.

위의 글에서도 김종서는 두 서술 체제에 입각하여 각각 독립된 고려왕조사 편찬의 필요성을 언급하면서 편년체의 『고려사절요』를 편찬하였음을 밝히고 있다. 이 방침은 이미 세종 때 현재의 『고려사』 편찬에 착수하면서 정해졌다. 즉 세종 20년(1438) 허후(許詡)는 이전에 편찬된 편년체의 『수교고려사』를 사략(史略)이라 하면서, 이와 별도로 기전체의 본사(本史)를 편찬할 것을 건의했다. 세종이 허락하자 4년 후 기전체의 『고려사전문』이 편찬되었다. 『고려사전문』과 『수교고려사』는 다시 김종서 등이 편찬의 책임을 맡아 1451년과 1452년에 각각 현재의 기전체 『고려사』와 편년체 『고려사절요』로 완성하였다. 긴 시간에 걸친 서술 체제 논쟁은 지금의 시점에서 볼 때 기전체의 『고려사』와 편년체의 『고려사절요』라는 귀중한 문화유산을 소유하게 된 대단히 생산적인 논쟁이기도 하였다.

정도전이 편찬한 『고려국사』는 37권이며, 현재의 『고려사절요』는 35권이다. 모두 편년체이다. 반면에 기전체의 『고려사』는 무려 139

권이나 된다. 내용이 방대한 기전체『고려사』는 편년체 형식으로 담을 수 없는 다양하고 풍부한 사실들을 담고 있다. 고려 당대의 문화를 객관적이고 종합적으로 정리하려는 세종의 실사구시적인 태도도 기전체로 서술 체제를 바꾼 또 다른 이유였다. 시간의 순서에 따라 사건을 간단하게 정리하는 편년체로서는 5백 년 고려왕조사의 내용을 담기는 불가능했던 것이다.

참고로『고려사』139권은 서문과 목록이 담긴 2권 및 본문 137권으로 구성되어 있다. 구체적인 내용은 다음과 같다.

수권(首卷: 2권)

진고려사전(進高麗史箋), 고려세계(高麗世系), 수사관(修史官), 범례(凡例), 목록

본문(137권)

〈세가(世家)〉

권1~46: 우왕과 창왕을 제외한 32명의 국왕을 중심으로 한 역사

〈지(志)〉

권47~49 천문(天文)지, 권50~52 역(曆)지, 권53~55 오행(五行)지, 권56~58 지리(地理)지, 권59~69 예(禮)지, 권70~71 악(樂)지, 권72 여복(輿服)지, 권73~75 선거(選擧)지, 권76~77 백관(百官)지, 권78~80 식화(食貨)지, 권81~83 병(兵)지, 권84~85 형법(刑法)지

〈표(表)〉

권86 연표(年表)1, 권87 연표(年表) 2

〈열전(列傳)〉

권88~89 후비(后妃)전, 권90~91 종실(宗室)전, 권92~120 일반 열전, 권121 양리(良吏), 효우(孝友), 열녀(烈女) 열전, 권122 방기(方技), 환자(宦者), 혹리(酷吏) 열전, 권123~124 폐행(嬖幸) 열전, 권125~126 간신(姦臣) 열전, 권127~132 반역(叛逆) 열전, 권133~136 우왕(禑王) 열전, 권137 우왕 및 창왕(昌王) 열전

조선왕조 건국의 정당성을 위하여

고려 역사가 오랜 기간에 걸쳐 편찬된 것은 우왕대 이후의 역사를 어떻게 서술할 것인가 하는 문제에도 그 원인이 있었다. 이는 조선왕조 건국의 역사적 정당성을 확립하는 일이기도 했다. 이 문제는 일찍이 『고려국사』의 서술 내용을 둘러싸고 먼저 제기되었다.

태종은 고려 말 태조 이성계에 관한 사실이 충실하지 않다고 했으며, 1414년(태종 14)에는 우왕대 이후 사실에서 왜곡된 곳이 있기 때문에 하륜(河崙), 남재(南在), 변계량(卞季良) 등에게 고려왕조사를 다시 편찬할 것을 명하였으나, 하륜이 사망하면서 2년 만에 이 작업은 중단되었다. 세종 역시 『고려국사』가 고려 당시 사용된 천자국 용어를 고친 것은 물론이거니와 사신(史臣)이 작성한 사초(史草)와

다른 점이 많다고 지적하였다. 두 국왕의 불만은 결국 태조 이성계와 우왕 대 이후의 역사에 대한 것이었다.

김종서가 현재의 『고려사』를 완성하면서 올린 글에서 "가짜 왕(僞朝) 신씨(辛氏: 우왕과 창왕)를 낮추어 열전에 넣은 것은 왕위를 도둑질한 데 대한 형벌을 엄하게 한 것입니다."라고 언급한 대로, 『고려사』에서 우왕과 창왕 때의 역사는 실제로 군주의 역사를 기록한 세가에서 빠져 신하들의 역사를 기록한 열전에 실려 있다. 두 군주는 왕씨(王氏)의 혈통이 아니라 신돈(辛旽)의 자식이기 때문에 군주의 자격이 없다는 이유에서였다.

가짜를 폐위시키고 진짜 군주를 내세워야 한다는 이른바 '폐가입진(廢假立眞)'의 논리는 위화도 회군 이후 권력을 장악한 이성계 일파의 개혁에 대해 쉽게 협조하지 않은 창왕을 제거하기 위한 명분에 불과하다. 우왕이 신돈의 아들이라면 공민왕 사후 그가 즉위할 때 제기되었어야 할 문제였다. 아니면 늦어도 위화도 회군 직후 우왕을 내쫓고 아들 창왕을 옹립할 때 제기되었어야 했다. 그래야 설득력이 있다. 창왕을 군주로 옹립한 지 1년이 지나서 제기된 '폐가입진'의 논리는 권력 강화의 이데올로기에 불과하다.

고려왕조사의 편찬에서 부닥쳤던 문제의 하나는 이처럼 1388년(우왕 14) 위화도 회군과 그 이후 개혁 사업, 나아가 조선왕조 건국의 정당성을 어떻게 합리적으로 서술하느냐 하는 점이었다. 우왕 대 이후 조선 건국까지 약 20년의 역사와 그 속에서의 이성계의 위상에 대한 새로운 해석이 필요하였던 것이다. 이는 고려왕조사 편찬을 거듭한 이유의 하나였다.

사대명분론을 뛰어넘어서

고려왕조사 편찬이 긴 시간 난산을 겪은 또 다른 이유는 조선 초기 지배층이 명나라와 조선을 각각 천자국과 제후국의 관계로 생각했던 대외적인 명분론에 입각하여 고려왕조 역사의 일부를 다시 수정하려는 문제 때문이었다. 정총(鄭摠)이 쓴 『고려국사』의 서문에 다음과 같은 기록이 있다.

> "원나라 이전에 고려에서 사용한 용어가 참람하여 지금 (국왕의 호칭이) 종(宗)으로 된 것은 왕(王)으로, (국왕의 생일을) 절일(節日)이라 한 것은 생일(生日)로, (국왕의 명령을) 조(詔)라 한 것은 교(敎)로, (국왕 자신을) 짐(朕)이라 한 것은 여(予)로 고쳤습니다. 이는 명분을 바로잡기 위한 것입니다."

명나라를 천자국으로, 조선왕조를 그 제후국으로 생각했던 조선 초기의 지배층들에게 천자국으로 자처하여 그에 걸맞는 용어와 제도를 사용했던 고려왕조의 역사를 그대로 역사 서술에 반영하는 일은 지금의 천자―제후의 사대명분 질서를 무너뜨릴 수도 있는 참람한 것으로 비춰졌다. 『고려국사』 서문에 드러난 편찬자 정총의 이러

고려국사 서문. 조선 태조 때 편찬된 고려국사는 현재 남아 있지 않으나, 정총이 쓴 이 책의 서문은 동문선에 수록되어 있다.

한 생각은 편찬의 최고책임자인 정도전뿐 아니라 당시 지배층의 생각을 대변하는 것이었다. 따라서 정도전은 새로 편찬될 고려왕조사에서는 사대명분론(事大名分論)의 입장에서 고려 때 사용된 천자국 용어와 제도를 제후국의 용어로 모두 고쳤던 것이다.

뒤에 고려 때의 용어를 함부로 고쳐 역사의 진실을 없앨 수 없다는 반론이 제기되었으며, 이 문제는 다시 조정의 논의에 부쳐졌다. 세종은 정도전 등이 고친 용어를 모두 고려실록의 내용대로 다시 고쳐 쓰라는, 즉 사실을 사실대로 올바르게 쓰라는 이른바 '이실직서(以實直書)'의 원칙을 천명하였다. 사대명분론에 입각한 고려왕조사 편찬 방침은 잘못된 것이며, 당시의 용어대로 사실에 입각하여 고려왕조사를 편찬한다는 원칙이 최종적으로 확정되면서, 다시 고친 역사서가 1424년(세종 6) 편찬된 『수교고려사』이다. 윤회가 올린 서문에는 그러한 사정이 잘 드러나 있다.

"신들은 전하의 밝으신 명령을 받들어, 원종 이전의 실록을 신사(新史: 『고려국사』)와 비교하여 종(宗)을 왕으로, 절일을 생일로, 조(詔)를 교로, 짐(朕)을 여(予)로, 사(赦)를 유(宥)로, 태후(太后)를 태비(太妃)로, 태자(太子)를 세자(世子)로 고친 것들을 다시 당시의 실록 기록대로 고쳤습니다."

물론 이러한 원칙이 고려왕조사 편찬에 완전히 적용되지는 않았다. 역대 군주들에 대한 역사를 기록한 본기(本紀)를 제후의 역사를 기록한 세가(世家)로 고친 사실 따위에서 사대명분론의 흔적이 『고려사』 편찬에 어느 정도 남아 있음을 알 수 있다. 그럼에도 불구하고 고려왕조의 역사 전통을 존중한 세종의 위와 같은 원칙 표명으로 인

세종 때 윤회가 쓴 수교고려사 서문(동문선에 수록)만 현재 전해지고 있다.

하여 고려왕조가 중원 대륙의 국가와 함께 황제국 체제로 당당하게 국체를 유지했던 귀중한 사실을 알 수 있게 되었다. 이는 고려왕조의 문화적 자산을 새롭게 인식하는 소중한 자료가 된다.

짙게 드리워진 흥망사관(興亡史觀)

『고려사』 기록을 검토해 보면 또 하나의 분명한 입장을 찾아볼 수 있다. 다음의 글이 바로 그러하다.

"의종(毅宗)·명종(明宗) 이후로는 권세 있고 간사한 자(權姦)들이 국정을 마음대로 하여 나라의 근본을 깎고 상하게 하며 용도를 함부로 하여 창고가 텅 비게 되었다. 원나라를 섬기면서 백성을 수탈하는 일이 끝이 없었다. … 고려 말에는 백성들은 권세가의 집에 들어가고 전시과 토지가 사전(私田)이 되고 권세 있는 자의 토지는 산천으로 표식을 삼았고, 조세를 징수하기를 한 해에 두세 번이나 하였다. 법은 다 무너지고 나라도 따라 망하였다." (식화지 서문)

"의종·명종 이후에 권신이 정권을 장악하고 군사권도 이들에게 옮겨져 날랜 장수와 굳센 사졸들이 모두 사가(私家)에 소속되면서 도적이 들끓어도 나라에는 1여(旅: 500명)의 군사(軍士)도 없었다." (병지 서문)

"고려 초에는 인재를 육성하는 방법과 선발하는 제도, 관리를 임명하는 법이 정연하고 조리가 있었고, 뒤의 여러 자손도 이를 잘 유지하여 우리나라 문물의 번성함이 중국과 비교할 만하였다. 그러나 권신이 사사로이 정방(政房)을 두어 정사가 뇌물로 이루어지고, 관리를 임명하는 제도가 크게 무너졌다. … 이로 인해 고려의 왕업이 크게 쇠하였

다."(선거지 서문)

이에 따르면 무신정변이 있었던 의종과 명종대 이후로 무신들이 경제권, 군사권, 인사권을 장악하면서 국왕은 허수아비가 되었고, 경제, 군사, 인사 정책의 혼선으로 왕조는 몰락의 길로 접어들게 되었다고 하였다. 이러한 기록은 『고려사』 곳곳에서 찾아볼 수 있다.

이처럼 조선 초기의 역사가들은 고려 전기는 잘 다스려진 치세(治世)였는데, 후기는 모든 것이 문란하여 왕조가 멸망의 길로 들어선 난세(亂世)였다는 흥망사관의 입장에서 고려왕조사를 서술하였다. 이는 위화도 회군 이후 난세의 고려왕조를 바로잡으려 했던 이성계와 사대부 세력의 개혁, 나아가 조선왕조 건국의 정당성을 부각하려는 목적 때문임은 말할 필요가 없다. 이러한 흥망사관 역시 조선왕조 건국의 역사적 정당성을 어떻게 서술할 것인가 하는 문제에서 채택된 사관이었다.

풍부한 자료집, 『고려사』

역사적 사실을 충실하게 반영하면서 역사가의 개성(사관)이 잘 드러난 역사서를 저술하는 일은 고금의 역사가들의 한결같은 소망이다. 지금까지 설명한 대로 『고려사』는 조선 초기 역사 현실과 그에 대한 역사가의 문제의식(사관)이 잘 드러난 역사서이다.

역사적 사실의 충실한 반영이라는 차원에서 『고려사』는 어떤 위치에 있을까? 결론적으로 말하자면 『고려사』는 고려왕조사에 관한 가장 풍부한 기초 자료집이다. 『고려사』가 가진 또 하나의 특성은 바로 이 점에 있다. 비록 조선 초기 정치 현실이 『고려사』 편찬에 영향을 미쳤으나, 그 때문에 『고려사』의 사료적 가치가 결코 훼손되지는 않았다. 윤회가 쓴 '수교고려사서'에 따르면 정도전과 정총의 『고려국사』는 고려 역대 국왕의 실록, 민지의 『편년강목(編年綱目)』, 이제현의 『사략(史略)』과 이색, 이인복의 『금경록(金鏡錄)』을 모아 편집한 것이라 했다. 편찬에 착수한 지 3년 만에 37권의 『고려국사』가 완성된 것은 이 같이 고려 말 찬술된 역사서에 힘입은 것이다. 이러한 사실은 고려 역사 편찬이 처음부터 역사가의 독창적인 저술이 아니라 기존의 자료를 모아 편집하는, 일종의 자료집 편찬에서 출발했음을 알려 준다. 뒤에 기전체로 서술 체제가 바뀌면서 그러한 성격은 더욱 두드러지게 되었다.

현재의 『고려사』는 모두 139권으로 37권인 『고려국사』에 비해 3~4배 정도 분량이 많다. 편년체에서 기전체로 서술 체제가 바뀌면서 서술 내용이 더욱 늘어났기 때문이다. 『고려국사』와 같이 기존의 역사가들이 찬술한 역사서에 의존하여 내용을 채우는 일은 한계가 있었다. 수십 명의 역사가들이 왕명에 따라 편찬한 관찬사서의 특성 때문에 개인의 저술과 같이 역사가 개인의 생각을 함부로 담을 수도 없었다. 정도전은 부친 정운경(鄭云敬)에 관한 사실을 고쳐 쓴 잘못으로 비난을 받았다. 권제(權踶)는 선조 권수평(權守平)을 태조 공신의 후예로 기록했다가 역시 비난을 받았다. 자연히 『고려사』는 당시까지 전해지던 방대한 자료를 담은 고려실록에 의존하여 자료의 보충이 이루어졌다. 이외에도 당시까지 전해지던 문집과 묘지명 등 각종 자료가 이용되었다.

『고려사』는 철저하게 원 사료를 충실히 재구성한, 즉 원전 자료를 편집하는 방식으로 편찬되었다는 점에 연구자들은 동의하고 있다. 현재 전해지는 고려시대 묘지명 자료가 실제로 『고려사』 열전의 내용에 그대로 반영된 사실에서 이를 알 수 있다. 편찬의 방향을 둘러싼 정치적 입장 때문에 원 사료의 일부가 취사선택되는 경우는 있었으나, 찬술자가 스스로 문장을 만들어 내용을 보충하지 않은 점은 누구나 인정하고 있다. 특히 조선 초기 역사가의 사론이 전혀 실려 있지 않은 점도 이 책이 사실을 충실하게 모은 자료집으로서 객관성을 유지하려고 노력한 흔적이다.

왕조가 멸망한 뒤 편찬되어 엄밀한 의미에서 『고려사』는 2차 사료이지만, 고려실록과 같이 당대에 작성된 원 사료를 그대로 옮겨 적은 방식으로 편찬된 점에서 당대에 편찬된 1차 사료와 다를 바 없다. 『고려사』가 자료집으로서 가치와 특성을 지니고 있다는 평가는 바로 여기서 나온다.

제4부

『고려사』 속의 수택본

『고려사』와 『동사강목』의 차이

『동사강목』은 유교사관에 입각하여 편찬된 역사서이다. 유교사관의 주된 관심사, 즉 유교사가들이 관심을 가졌던 역사 서술의 대상과 분야는 정치사이다. 그 가운데 주로 역대 국왕과 그를 보좌한 인물, 즉 관료집단의 역사에 비중을 두었다. 『고려사』 역시 유교사관에 입각하여 서술된 역사책이다. 유교사관에 입각한 저술인 점에서 두 책은 큰 차이가 없다. 그런데도 안정복은 왜 『동사강목』이라는 책을 다시 저술하였을까?

『동사강목』은 강목체(綱目體)라는 서술 체제로 편찬되어, 기전체(紀傳體)로 편찬된 『고려사』와 역사 서술 체제와 형식이 다르다. 이

점이 우선 안정복이 『동사강목』을 저술한 원인의 하나가 된다. 강목체의 역사책으로 가장 대표적인 것은 송나라 주희(朱熹)가 저술한 『자치통감강목(資治通鑑綱目)』이다. 중국 고대에서 오대까지의 역사를 편년체로 정리한 송나라 사마광의 『자치통감』의 내용을 다시 사실의 중요도에 따라 강(綱)과 목(目)으로 분류하여 역사를 서술하는 한편으로 주자학의 의리론에 입각하여 역대 왕조를 정통과 비정통(혹은 無統)으로 분별하여 역사 평가에서 포폄(褒貶)과 시비를 분명히 하려 했던 역사책이다. 강목체는 성리학을 완성한 주희의 역사의식, 즉 성리학적 역사관이 체계적으로 담긴 역사 서술 체제이다.

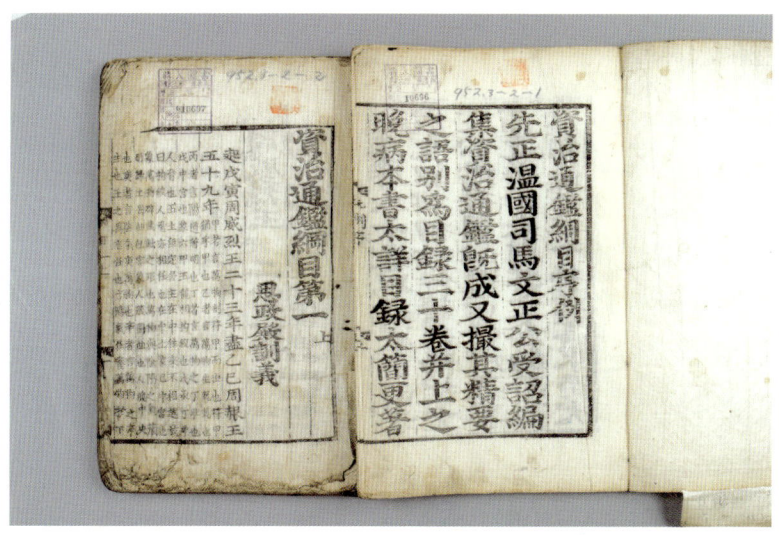

안정복이 동사강목을 편찬하면서 모범으로 삼았던 역사책이 송나라 주희가 편찬한 자치통감강목이다. 국민대 도서관 소장본이다.

고려 후기 민지(閔漬)는 『편년강목(編年綱目)』이라는 역사책을 편찬했다. 책의 제목으로 보아 강목체 형식의 역사책으로 생각된다. 지금 전해졌다면 우리나라에서 가장 오래된 강목체 형식의 역사책이 될 것이다. 강목체 역사책은 성리학이 뿌리를 내리는 조선 중기 이후 본격적으로 등장한다. 안정복이 『동사강목』을 편찬하면서 주로 참고했던 유계(兪棨)의 『여사제강(麗史提綱)』이나 임상덕(林象德)의 『동사회강(東史會綱)』이 대표적인 강목체 역사책이다.

강목체 역사책인 『동사강목』과 기전체의 『고려사』는 어떤 차이점이 있을까? 가장 두드러진 차이는 두 책이 성리학이 뿌리를 내린 시기와 그렇지 못한 시기에 각각 편찬되었다는 점이다. 이에 따라 역사 연구 내지 역사학의 내용과 방법론에 커다란 차이가 나타난다. 안정복이 『동사강목』을 편찬한 이유도 바로 여기에 있다.

안정복이 『동사강목』을 편찬하면서 가장 모범으로 삼은 역사책은 앞서 언급한 대로 주희의 『자치통감강목』이다. 그는 『동사강목』의 편찬 방침을 밝힌 범례(凡例)를 주희가 정한 범례를 표준으로 하였다. 성리학적 가치관을 기준으로 올바른 것은 권장하고 나쁜 것은 경계한다는 권계(勸戒)를 밝히는 것을 역사 서술의 목표로 삼았다. 구체적으로 역대 왕조와 군주의 정통과 무통, 즉 통계(統系: 계통)를 밝히는 것, 왕조와 군주에 대한 충성과 반역, 즉 찬역(簒逆)을 밝히는 것, 개별 역사 사실에서 시시비비를 분명하게 밝히는 것과 개인의 충절(忠節)을 칭찬하고 장려하는 일 등이다. 이와 함께 역대 문물에 대한 자세한 고증과 실증을 중시하는 태도가 강조되었다.

기존의 유교사관에서 이러한 원칙을 도외시하지는 않았으나, 성리학적 역사관은 이러한 원칙을 더욱 강조하였다. 그리고 이러한 원칙에 부합되는 사실을 그 중요도에 따라 강(綱)과 목(目)으로 분류하여 서술하였다. 따라서 강목체 형식의 역사 서술은 기존의 유교사관에 입각한 역사 서술과 커다란 차이가 있다.

성리학적 역사관에서 볼 때 안정복은 『고려사』와 『삼국사기』의 서술에 불만을 가질 수밖에 없다. 『동사강목』의 곳곳에서 그러한 불만을 표시하고 있다.

"고려사는 번잡하고 쓸데없는 것이 많으면서도 요점(要點)될 만한 것이 적다." (『동사강목』 서문)

구체적으로 『고려사』의 각 편에 대한 불만을 표현하기도 했다.

"이 책을 살펴보니 세가(世家)는 번잡하고 쓸데없는 내용으로 마땅함을 잃었고, 지(志)는 빠지고 줄여진 것이 많고 열전(列傳)은 엉성하고 빠뜨린 것이 있어서 역시 마땅함을 잃었다." (『동사강목』 채거서목)

이같이 안정복은 『고려사』에서 역사적 사실이 지나치게 잡다하게 나열되어 있어 체계적인 서술이 되지 못한 점과 사실에 대한 고증이 제대로 되지 않은 점을 비판하였다.

또한 『삼국사기』에 대해서는 '소략하면서 사실과 다르다.' (『동사강목』서문)고 하였다. 『동국통감』에 대해서는 '자치통감을 모방하여 편찬하여서 다른 역사서에 비해 지나치게 상세하다. 그 때문에 방대한 책이 되었다. 그러나 의례(義例)가 어긋나고 잘못이 많고 잡스러움이 심하다.'(『동사강목』채거서목) 라고 비판하였다.

나아가 안정복은 이미 편찬된 강목체 형식의 역사책에 대해서까지 부정적인 평가를 내렸다. 유계의 『여사제강』은 '강(綱)을 세우는 법이 강목(綱目)의 취지에 맞지 않았다.'(『동사강목』채거서목)고 하였다. 그리고 『동사회강』은 '여러 역사서

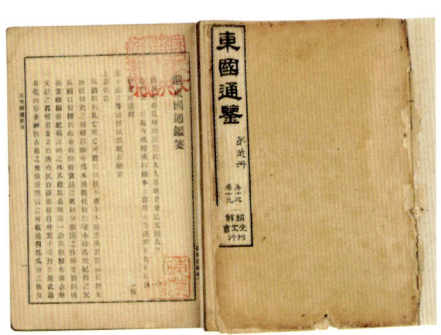

동국통감은 1485년(성종 16) 서거정 등이 왕명에 의해 편찬한 것으로, 단군조선에서 고려 말까지의 역사를 편년체로 서술한 통사이다. 국민대 도서관 소장본이다.

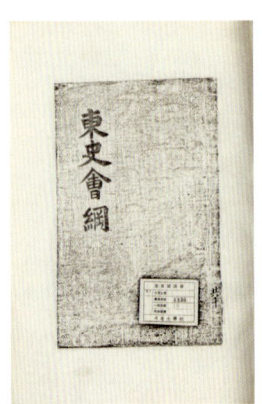
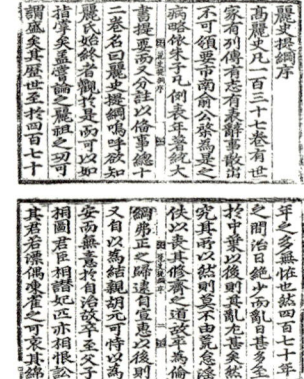

1710년대 편찬된 임상덕(1683~1719)의 동사회강(왼쪽)과 유계(1607~1664)의 여사제강. 모두 강목체 역사책으로 안정복이 동사강목을 편찬하는 데 크게 이용되었다.

가운데 가장 간단하면서도 타당한 것이기는 하나, 옛 역사서의 폐단 때문에 한두 곳의 착오와 잘못이 있었다.'(『동사강목』 채거서목)고 하였다. 또한 강목체의 두 역사서는 모두 '필법(筆法)이 간혹 어긋나고, 오류 때문에 잘못을 답습한 폐단을 낳게 되었다.'(『동사강목』 서문)고 하였다. 즉 강목체의 역사책이라 하더라도 주희가 제시한 강목체의 체제나 필법, 나아가 서술 원칙을 제대로 이해하지 못한 점을 비판하였다.

안정복이 행한 우리나라 역대의 역사책에 대한 이 같은 비판은 기존의 역사책이 보인 역사 서술의 내용, 서술의 체계에 대한 비판이자, 바로『동사강목』을 저술하게 된 이유이기도 한 것이다. 그가『동사강목』을 저술하면서 고심했던 문제는, 앞의 역대 역사책에 대한 비판에서 이미 드러난 것이지만, 다음의 세 가지 점이다.

첫째는 세가(世家), 열전(列傳), 지(志) 등에 분산되어 있는 기전체 형식의『고려사』자료를 어떻게 모으고 계통을 세워 그 내용을 강목체(綱目體) 형식의『동사강목』에 효과적으로 반영시켜 서술하느냐 하는 문제였다. 이러한 기준에서 볼 때 기전체인『삼국사기』나『고려사』의 세가, 열전, 지 등에 실려 있는 사실들의 고증뿐만 아니라 부실한 내용에 대해 안정복은 불만을 가졌던 것이다.

둘째는 강목체의 서술 방식과 관련한 문제였다. 강목체는 시간의 순서에 따라 서술하는 편년체 형식을 기본으로 하면서 성리학적 기준에서 더 중요하다고 여겨지는 사실은 강(綱), 그렇지 않은 덜 중요하다고 판단되는 사실은 목(目)의 항목에 배열하여 역사를 서술하는 방식이다. 따라서 강목체 형식의 역사책은 역사적 사실을 어떤 기준에 따라 각각 강과 목으로 분류하느냐가 중요하였다. 더 구체적으로 주자의 『자치통감강목』의 취지를 가장 충실하게 따라서 의리와 명분에 입각한 의례(義例)에 따라 역사 사실의 찬역과 포폄을 명확히 하여 역사 서술에 구체적으로 반영할 수 있는가 하는 문제가 매우 중요하였다. 『동국통감』과 같은 유교사관에 입각한 역사책뿐만 아니라 강목체 형식의 역사책인 『여사제강』이나 『동사회강』에 대한 안정복의 비판은 바로 서술의 원칙인 의례(義例) 등에 결함을 갖고 있다는 불만에서 나온 것이었다.

마지막은 고증과 관련한 문제였다. 역사서 서술에서는 계통, 찬역, 시비를 분명하게 가리기 위해 사실에 대한 엄격한 고증이 필요한데, 기존의 역사책은 사실이 지나치게 소략하거나 고증이 분명하지 않다며 불만을 표시하였다. 안정복은 이를 넘어서기 위해 『동사강목』의 부록으로 고이(考異)편, 괴설변(怪說辨), 지리고(地理考) 등을 편찬하였다. 고이편에서는 『동사강목』 본문에서 제대로 서술할 수 없었던 수많은 역사적 사건과 사실에 대한 고증을 하였다. 괴설변에서는 비판적인 입장에서 단군신화를 비롯한 각종 건국신화를 다루었다. 지리고에서는 우리나라의 역대 강역과 지명 고증을 하였는데, 안정복 역사학의 또 다른 진면목이 잘 드러나 있다.

수택본 『고려사』의 내용

유교사관을 가장 효과적으로 담아낸 대표적인 역사 서술 체제는 기전체(紀傳體)이다. 우리나라 역사서에서 『고려사』와 『삼국사기』는 기전체로 편찬되었다. 중국의 역대 왕조의 역사는 모두 기전체로 편찬되었다. 기전체는 군주의 행적을 주로 담은 본기(本紀), 신하들의 행적을 담은 열전(列傳), 이들 지배집단이 체제의 유지를 위해 설치했던 각종 제도와 문물을 담은 지(志), 마지막으로 역대 군주의 재위 기간과 연표 등을 정리한 표(表)의 네 부분으로 구성되어 있다.

이 가운데 유교사가들이 역사 서술에서 가장 비중을 두었던 부분은 군주와 신하들의 역사인 본기와 열전이다. 기전체는 바로 본기와 열전을 줄인 말로, 유교사가들의 이러한 인식을 드러내는 데 가장 적합한 서술 체제였다.

139권의 『고려사』 가운데 필자에게 있는 안정복의 수택본은 권108에서 110까지 3권으로 전체 내용의 2퍼센트에 불과하다. 그런데 이 수택본 3권은 열전(권21~23) 부분이다. 그 내용이 인물 전기를 담은 열전이라는 점 때문에, 이 수택본은 실제 『동사강목』 편찬에 매우 중요한 자료로 활용되었다.

안정복은 수택본 본문의 내용과 관련되는 여러 자료를 읽고 내용 보완이 필요한 부분을 수택본의 여백에 직접 적어 놓았다. 이같이 그가 주기(註記)한 내용들은 실제 『동사강목』의 서술에 많이 반영되었다. 참고로 필자의 수택본 3권에 수록된 인물을 정리하면 다음과 같다〔*표는 수택본에서 안정복이 내용을 보충하여 주기를 남긴 인물이다. '부전(附傳)'은 앞의 인물의 자손이거나 자료가 충분하지 않아 독립 열전(本傳이라 할 수 있음)이 될 수 없는 경우의 인물 열전을 말한다.〕.

권108(열전21)

*민종유(閔宗儒)-부전(附傳):*적(頔) *사평(思平) *변(抃) *제(霽), *김지숙(金之淑)-부전(附傳):인윤(仁沇), *정선(鄭僐) *이혼(李混) *최성지(崔誠之)-부전(附傳):*문도(文度), *채홍철(蔡洪哲) 김이(金怡) 이인기(李仁琪) *홍빈(洪彬) 조익청(曹益淸) 배정지(裵廷芝) 손수경(孫守卿)

권109(열전22)

*박전지(朴全之) *오형(吳詗) *이전(李瑱) *윤신걸(尹莘傑)-부전(附傳):*박효수(朴孝修), 허유전(許有全) *박충좌(朴忠佐) *윤선좌(尹宣佐) *이조년(李兆年)-부전(附傳):승경(承慶), 이곡(李穀) *우탁(禹倬) *안축(安軸)-부전(附傳):*종원(宗源) *보(輔), *최해(崔瀣) 장항(張沆) *이성(李晟) *조렴(趙廉)-부전(附傳):*왕백(王伯), 이백겸(李伯謙) *신군평(申君平)

권110(열전23)

최유엄(崔有渰) *김태현(金台鉉)-부전(附傳):*광재(光載), *김륜(金倫)-부전(附傳):경직(敬直) 희조(希祖) 승구(承矩), *왕후(王煦)-부

전(附傳):*중귀(重貴), *한종유(韓宗愈) *이제현(李齊賢)-부전(附傳):*달존(達尊) *보림(寶林), 이능간(李凌幹)

이상 수택본에 실린 인물은 모두 54명이다. 이들 가운데 이조년(권109)은 충혜왕의 묘정(廟庭)에, 조익청(권108), 왕후(권110), 이제현(권110)은 공민왕의 묘정에 각각 배향될 정도로 해당 국왕이 재위하는 동안 크게 활동한 중요한 인물들이다. 박전지, 오형, 이전(이상 권109)은 충선왕의 즉위 개혁에 참여한 인물들이다. 앞에서 언급한 왕후, 이제현과 함께 이곡(권109) 역시 충목왕의 개혁정치에 깊

이제현(1287~1367)의 모습

숙이 관여했으며, 특히 이제현은 공민왕대 개혁정치에도 참여하였다. 최성지(권108)와 최유엄(권110)은 입성책동 등 원나라와 부원배의 고려 정국에 대한 간섭을 저지하고, 고려왕조의 전통을 유지하는 데 공이 컸던 인물이다. 한편 우리나라 역대 시문을 정리하여 『해동문감(海東文鑑)』과 『동인지문(東人之文)』을 각각 편찬한 김태현(권110)과 최해(권109)의 전기도 수택본에 포함되어 있다.

수택본은 전체 139권 가운데 불과 3권의 적은 분량에도 불구하고, 충렬왕, 충선왕에서 공민왕대에 이르는 원 간섭기와 고려 후기 정치에서 중요한 역할을 했던 인물들의 전기가 실려 있다. 한편 수택본에서 안정복이 묘지명이나 금석문, 각종 족보 등에서 추려내어

『고려사』에 실려 있지 않은 내용을 보완하는 자료를 주기한 인물은 54명 가운데 38명(위의 자료에서 *표한 인물)이다. 이들에 대해 모두 121건의 주기가 수택본에 실려 있다(이 책의 〈부록 1〉 수택본 주기 내용 일람표 참고).

『동사강목』은 전체 20권(수권, 본문 17권, 부록 2권)으로 되어 있는데, 수택본에 실린 인물들은 『동사강목』 본문 17권 가운데 주로 권 13과 14에 서술되어 있다.

수택본 작성에 이용된 자료들

안정복이 『동사강목』의 고려왕조 편을 서술하는 데 주요한 대본으로 삼았던 책은 말할 것도 없이 『고려사』이다. 그는 『고려사』에 대해 '번잡하고 쓸데없는 것이 많으면서 요점이 될 만한 것이 적었다.'며 불만을 가졌다. 또한 『고려사』 열전에 대해 '엉성하고 빠뜨린 것이 있어서 역시 마땅함을 잃었다.'고 비판했으며, 지와 세가 부분에도 불만을 토로했다. 수택본은 바로 이러한 문제를 해결하기 위해 작성되었다.

『동사강목』 본문은 모두 17권인데, 12권이 고려시대 역사를 담은 '고려편'이다. 따라서 고조선에서 고려 말까지 수천 년 역사에서 5백 년의 고려왕조 역사가 이 책의 중심 내용이다. 안정복은 고려왕조의 역사를 서술하기 위해 『고려사』 외에 어떤 자료를 참고했을까?

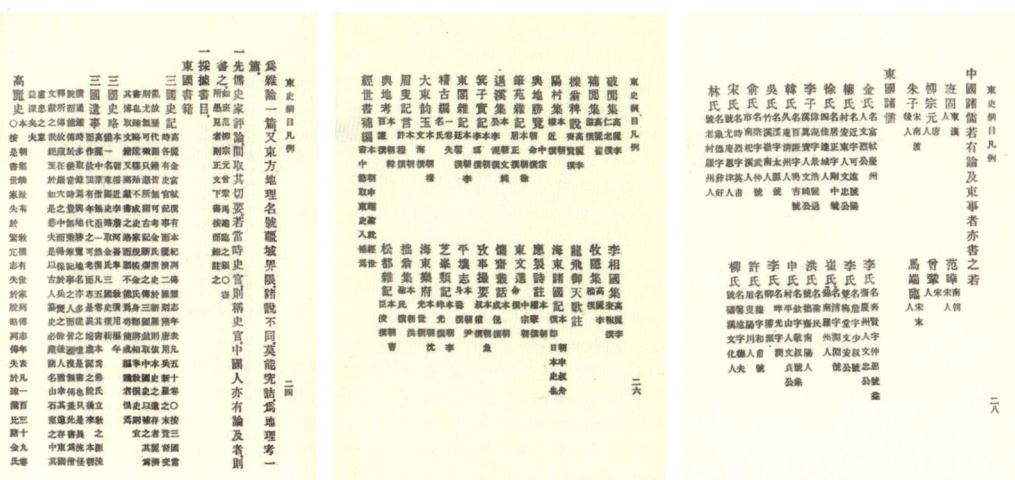

동사강목 편찬에 이용된 자료를 정리한 채거서목조. 왼쪽부터 우리나라 역사서, 우리나라 문집, 사론을 인용했던 중국과 우리나라 역사가의 명단이다.

　『동사강목』 편찬을 위해 참고했던 책의 목록은 이 책의 범례 채거서목(採據書目)조라는 항목에 제시되어 있다. 이 속에는 중국, 일본 등 외국 자료도 포함되어 있으나 우리나라 자료가 가장 많다. 『삼국사기』와 『고려사』〔정인지 찬(撰)〕 등 8종의 역사서, 32종의 문집류를 포함한 『동문선(東文選)』 등 전체 40종의 자료와 김부식, 이제현 등 고려와 조선의 유학자 17명의 사론(史論)이 제시되어 있다. 가장 많이 제시된 우리나라 자료만 소개하면 다음과 같다(아래의 자료에서 * 표시를 한 것은 수택본에서도 인용된 자료이다.).

4부 『고려사』 속의 수택본　109

역대사서(歷代史書)

『삼국사기(三國史記)』, 『삼국사략(三國史略)』, 『삼국유사(三國遺事)』, 『고려사(高麗史)』(정인지 찬), 『여사제강(麗史提綱)』, 『동국통감(東國通鑑)』, 『동사찬요(東史纂要)』, 『동사회강(東史會綱)』

문집류(文集類)

『파한집(破閑集)』, *『이상국집(李相國集)』, 『보한집(補閑集)』, *『목은집(牧隱集)』, *『역옹패설(櫟翁稗說)』, 『용비어천가(龍飛御天歌)』, *『양촌집(陽村集)』, 『해동제국기(海東諸國記)』, *『여지승람(輿地勝覽)』, 『응제시주(應制詩註)』, 『필원잡기(筆苑雜記)』, *『동문선(東文選)』, 『퇴계집(退溪集)』, 『용재총화(慵齋叢話)』, 『기자실기(箕子實記)』, 『고사촬요(攷事撮要)』, 『동각잡기(東閣雜記)』, 『평양지(平壤志)』, 『계고편(稽古編)』, 『지봉유설(芝峰類說)』, 『대동운옥(大東韻玉)』, 『해동악부(海東樂府)』, 『미수기언(眉叟記言)』, 『졸옹집(拙翁集)』, 『여지고(輿地考)』, 『송도잡기(松都雜記)』, 『경세유보편(經世遺補編)』, 『반계수록(潘溪隨錄)』, 『동국총목(東國總目)』, 『해동명신록(海東名臣錄)』, 『여사휘찬(麗史彙纂)』, 『범학전서(範學全書)』, *『사설(僿說)』

동국제유사론(東國諸儒史論: 우리나라 유학자들의 사론)

金氏(金富軾) 李氏(李齊賢) 權氏(權近) 李氏(李詹) 徐氏(徐居正) *崔氏(崔溥) 李子(李滉) 洪氏(洪聖民) 韓氏(韓百謙) 申氏(申欽) 吳氏(吳雲) 李氏(李晬光) 兪氏(兪棨) 許氏(許穆) 宋氏(宋時烈) 柳氏(柳馨遠) 林氏(林象德)

『동사강목』고려편 저술의 대본은 앞서 밝혔듯이 정인지가 편찬한『고려사』이다. 재미있는 사실은 이 책과 함께 고려사 연구의 대표적인 역사책『고려사절요』가 목록에서 빠져 있다는 점이다. 안정복은『동사강목』채거서목조에서『고려사절요』를 소개하면서, 현재 전해지지 않는다고 하였다. 따라서 그는『동사강목』을 편찬할 때 이 책을 참고할 수 없었다. 그런데『동사강목』에는『고려사절요』의 내용이 적지 않게 인용되어 있다. 그 이유는 안정복이『동국통감』에 인용된『고려사절요』의 내용을 옮겨 적었기 때문이다.

안정복은 채거서목조에서, 직접 볼 수는 없었지만『고려사절요』는 두 차례의 과정을 거쳐서 편찬되었다고 밝히고 있다. 먼저 정도전과 정총이 1396년 왕명으로『고려국사』를 편찬했는데, 당시까지 전해지던 고려 때의 실록, 이제현의『사략(史略)』, 민지(閔漬)의『편년강목(編年綱目)』과 이색의『금경록(金鏡錄)』을 모아 편찬했다고 하였다. 다음에는 세종 때 유관(柳寬), 윤회(尹淮) 등이 위의 책을 바탕으로『수교고려사』를 편찬하였고, 다시 세종의 명으로 이극감(李克堪)에 의해 편찬된 것이『고려사절요』라고 하였다. 비록 참고하지는 않았지만,『고려사절요』의 편찬 과정에 대한 안정복의 지적은 정확하다.

그 외 안정복은『고려사』와 함께『동국통감』도 크게 참고하였다. 이 책은『고려사』뿐만 아니라 그가 참고하지 못한『고려사절요』의 내용이 반영되어 있고, 편년체로 편찬되어 있다. 따라서 강목체이지만 편년체 형식으로 사건을 서술한『동사강목』저술에서 이 책은 활용도가 적지 않았던 것이다. 또한 조선시대 때 편찬된 고려왕조의 역사책 『여사제강』, 『동사찬요』, 『동사제강』 등도 참고하였으나, 이 책들은 『동국통감』보다 늦게 편찬되었고 개인이 저술했기 때문에 여러 가지 점에서 부족한 점이 많아 사료 가치는 떨어진다. 안정복은 이러한 역사책을 참고하면서 앞에서 밝혔듯이 번잡한 내용, 불확실한 고증, 어긋난 필법(筆法), 사실의 오류 등에 대해 상당한 불만을 가졌다. 바로 이러한 불만에서 위의 역사책에 실려 있지 않은 새로운 자료를 발굴 보완하기 위해 수택본을 작성하였던 것이다.

그렇다면 안정복은 수택본을 작성하기 위해 위의 역사책 이외에 어떤 자료를 참고했는지 살펴보기로 한다.

묘지명(墓誌銘)과 족보(族譜)

묘지명은 죽은 사람의 일대기를 돌 등에 새겨 넣어 무덤 속에 함께 매장한 금석문(金石文)의 한 종류이다. 묘지명의 내용은 죽은 사람의 생몰년(生沒年), 성명(姓名)과 자호(字號), 본관(本貫)과 가계(家系), 출사(出仕)와 이력(履歷), 장지(葬地) 등을 산문(散文)의 형식으로 기록한 지문(誌文)과 지문의 내용을 압축하여 죽은 이의 생애를 운문(韻文)의 형식으로 압축한 명문(銘文)의 두 가지 형식으로 구성되어 있다.

서술 형식에서 묘지명은 묘비명(墓碑銘)과 차이가 없다. 다만 묘비명은 죽은 사람의 묘소 입구나 전면에 세워져 누구나 접근이 가능한 반면, 묘지명은 죽은 사람의 관과 함께 지하에 매장되어 접근할

다양한 형태의 고려 실물 묘지명(국립중앙박물관 소장) 모습. 고려 시대에는 국왕의 명령이 없으면 지상에 비석을 세울 수 없었다. 당시 왕족이나 관료, 승려들은 일대기를 적어, 관과 함께 무덤 속에 묻었다. 그것을 묘지명이라 했다.

수 없다. 묘비명은 삼국 시기부터 존재했으나, 고려 시기까지는 고승(高僧)들의 비문만 남아 있다. 고승이라고 하더라도 고려의 경우 국왕의 허가를 받아야 세울 수 있었다. 고려시대에는 지하에 매장되는 묘지명이 더 일반적이었다. 왕족, 중앙관료와 부인들의 묘지명이 현재 가장 많이 남아 있다. 묘비명은 비석의 구입과 건립에 막대한 비용이 들어가기 때문에 장례 비용이 과다하게 들어 중국에서도 함부로 건립을 하지 못하게 하는 금령(禁令)을 내렸다. 고려시대에 지상의 묘비명 건립을 고승에게 국한하고 관료의 경우 주로 묘지명이 만들어진 것도 이러한 사정과 관련이 있었던 것으로 생각된다. 일반인의 묘비명은 고려 말에야 비로소 세워지기 시작하여, 조선시대에 일반화되었다. 따라서 묘지명은 고려시대 특유의 장례 문화이자 인간의 일대기를 담은 기록 문화의 독특한 형식이라 할 수 있다.

묘지명은 특히 관료집단의 것이 가장 많다. 또 그들의 전기가 여기에 자세하게 기록되어 있기 때문에 『고려사』 열전의 내용을 보완하는 데 가장 적합한 자료가 된다. 실제로 안정복은 수택본에서 묘지명을 가장 많이 이용하여 내용을 보완하였다. 수택본의 주기(註記)에 인용된 묘지명을 정리하면 다음과 같이 모두 18건이다('묘지명 전거'는 필자가 조사하여 추가한 것이다.).

인물	묘지명 찬(撰)자	묘지명 전거(典據)
1. 민사평(閔思平)	이달충(李達衷)	제정집(霽亭集) 권3
2. 민제(閔霽)	변계량(卞季良)	춘정집(春亭集) 권12
3. 최성지(崔誠之)	이제현(李齊賢)	익재난고(益齋亂藁) 권7
4. 최문도(崔文度)	이제현(李齊賢)	익재난고(益齋亂藁) 권7
5. 채홍철(蔡洪哲)	이곡(李穀)	가정집(稼亭集) 권11
6. 홍빈(洪彬)	이색(李穡)	목은집(牧隱集) 권19
7. 윤신걸(尹莘傑)	최해(崔瀣)	졸고천백(拙藁千百) 권2
8. 윤선좌(尹宣佐)	이곡(李穀)	가정집(稼亭集) 권12
9. 이조년(李兆年)	이제현(李齊賢)	익재난고(益齋亂藁) 권7
10. 안축(安軸)	이곡(李穀)	가정집(稼亭集) 권12
11. 안보(安輔)	이색(李穡)	목은집(牧隱集) 권19
12. 최해(崔瀣)	이곡(李穀)	가정집(稼亭集) 권11
13. 김태현(金台鉉)	이색(李穡)	목은집(牧隱集) 권17
14. 김광재(金光載)	이색(李穡)	목은집(牧隱集) 권17
15. 김륜(金倫)	이제현(李齊賢)	익재난고(益齋亂藁) 권7
16. 왕후(王煦)	이인복(李仁復)	동문선(東文選) 권125
17. 한종유(韓宗愈)	이인복(李仁復)	동문선(東文選) 권125
18. 이제현(李齊賢)	이색(李穡)	목은집(牧隱集) 권126

이처럼 안정복은 수택본에 기록된 여러 인물의 생몰연대, 가계(家系), 관직 제수 시기, 자호(字號)나 시호(諡號) 등 열전의 내용을 보완할 만한 사실들을 해당 인물의 묘지명에서 찾아 주기(註記)하였다. 수택본에 실린 인물 가운데 민종유(閔宗儒: 최해 찬, 『졸고천백』 수록), 민적(閔頔: 이제현 찬, 『조선금석총람』 수록), 배정지(裵廷芝: 이제현 찬, 『조선금석총람』 수록), 이달존(李達尊: 이곡 찬, 『가정집』 수록), 박전지(朴全之; 박효수 찬, 『죽산박씨파보』 수록)의 묘지명이 또한 존재하고 있다. 따라서 수택본에는 이 인물들에 대해 주기하지는 않았지만, 안정복은 이들의 묘지명을 검토하였을 것으로 판단된다.

한편 안정복은 수택본이 열전이기 때문에 해당 인물의 가계와 혼인 관계를 추적하기 위하여 가능한 한 해당 인물의 가승(家乘)이나 세보(世譜)를 많이 이용하였다. 이 가운데 자료 명칭을 구체적으로 표시한 경우는 이혼(李混; 수택본에 보략(譜略)으로 표기), 박전지(朴全之; 수택본에 본보(本譜)로 표기), 김태현(金台鉉; 수택본에 김씨의 족보라는 뜻의 김보(金譜)로 표기), 한종유(韓宗愈; 수택본에 백씨보략(百氏譜略) 혹은 보략(譜略)으로 표기) 등이다. 또한 〈부록 1〉에서와 같이 전거를 밝히지 않은 채 가계나 자손의 관력(官歷) 혹은 혼인 관계를 기록한 것을 찾아볼 수 있는데, 이러한 경우도 주로 위와 같은 족보 자료를 이용한 경우가 많았을 것으로 추정된다.

『신증동국여지승람(新增東國輿地勝覽)』

수택본 작성에 많이 참고한 또 하나의 자료는 『신증동국여지승람』이다. 구체적으로 다음 인물들의 전기 내용을 보완하는 데 이용되었다(이하 『신증동국여지승람』의 책 이름은 생략하고 권수만 표시한다.).

권108(열전21)

민적(閔頔) : 증손인 유(愉)에 관한 행적〔권10 통진현(通津縣) 우거조(寓居條)〕

민제(閔霽) : 관력(官歷)과 딸이 조선시대 왕후가 된 사실과 시호〔권7 여주목(驪州牧) 인물조(人物條)〕

이혼(李混) : 7대조 이도(李棹)의 행적과 가계〔권18 전의현(全義縣) 인물조(人物條)〕

권109(열전22)

박충좌(朴忠佐) : 행적〔권37 강진현(康津縣) 산천조(山川條)〕

안종원(安宗源) : 묘소 소재지〔권22 장단도호부(長湍都護府) 능묘조(陵墓條)〕

권110(열전23)

이보림(李寶林) : 행적〔권39 남원도호부(南原都護府) 명환조(名宦條)〕

이와 같이 안정복은 해당 인물의 묘지명, 가보나 세보를 구할 수 없는 경우 관련 사실을 보완하는 자료로서 『신증동국여지승람』을 많이 이용하였다. 뒤에서 언급하겠지만, 이보림이 남원(南原)에서 신증동국여지승람 서문. 이 책은 1481년(성종 12) 완성된 동국여지승람을 중종의 명에 따라 새로 내용을 보충하여 1530년(중종 25) 편찬한 인문지리지이다.

제용재(濟用財)를 설치하여 민폐를 줄이고 지방 관아의 재정을 보충한 사실은 『고려사』에는 없는 내용이다. 그러나 안정복은 『신증동국여지승람』에 실린 위의 자료를 『동사강목』의 본문에 그대로 인용하였다.

이와 같이 안정복은 『동사강목』을 편찬하는 과정에서 『고려사』의 내용을 보완하기 위해『신증동국여지승람』, 묘지명과 세보 등의 족보 자료를 주로 이용하였다. 또한 수택본의 내용이 주로 실려 있는『동사강목』권13과 권14에서 그가 인용한 사론(史論)은 유계(兪棨: 충렬 28년 8월조-이하 충렬 28. 8로 줄임), 오운(吳雲: 충렬 32. 7), 송시열(宋時烈: 충혜 7년조), 허응린(許應麟: 충혜 8년조), 이황(李滉: 충혜 후 3년조)의 사론 등이다. 이외에 목록에 없는『지봉유설(芝峰類說)』(충렬 31. 10)도 인용되었다. 참고로『동사강목』채거서목의 목록과 비교할 때 수택본에서 참고한 자료는 매우 제한된 것처럼 보이나, 이는 필자의 수택본이 전체 139권의『고려사』가운데 불과 세 권에 지나지 않기 때문이며, 결코 적은 분량은 아니다.

제 5 부

『동사강목』에 녹아든 수택본

역사 연구는 과거 인간의 행위를 현재의 입장에서 연구하여, 그것을 재구성하여 새로운 역사상을 창조하고, 그러한 역사상을 통해 현재의 인간과 사회를 성찰하면서 미래에 대한 전망을 모색하는 인식 행위이다. 그러나 새로운 역사상을 창조하는 일은 말 그대로 그리 쉬운 일이 아니다. 과거 역사의 재구성은 그 주체인 역사가의 사관(史觀)에 따라 크게 영향을 받는다. 역사가의 사관은 당시의 시대 상황에 영향을 받으면서도, 역사가의 삶에 대한 자세 즉 자신의 시대를 어떻게 인식하느냐 하는 역사가 개인의 가치관에 영향을 받는다. 따라서 역사 연구의 중심에는 언제나 역사가가 자리 잡고 있다.

　창조적인 역사책 속에는 시대정신과 잘 조화된 역사가의 개성과 가치관이 짙게 배어 있다. 효과적인 역사 연구 방법의 하나로 역사가와 그가 저술한 역사서 자체를 연구하는 것은 바로 이 때문이다. 이러한 연구 분야를 사학사(史學史)라 한다. 사학사 연구는 오늘날 역사 연구에서 매우 중요한 분야의 하나로 각광을 받고 있다.

『동사강목』은 '술이부작(述而不作)'의 책인가?

전근대 역사, 특히 유교사가(儒敎史家)의 역사 서술의 철칙은, 기존의 자료를 그대로 받아 적되 결코 역사가 자신이 자료를 개작(改作)하거나 새롭게 창작하지 않는다는 이른바 '술이부작(述而不作)'의 정신이다. 역사가들이 자신의 견해를 넣고자 할 때는 해당 자료 아래에 '안왈(按曰)', 즉 '살펴보건대' 혹은 '사신왈(史臣曰)', 즉 '사신이 말하기를' 하는 식으로 조심스럽게 덧붙일 뿐이다. 유가(儒家)에서 말하는 춘추필법(春秋筆法)의 기본 원칙이다.

안정복의 『동사강목』 역시 외형적으로 이러한 형식을 취하고 있다. 그렇다면 『동사강목』은 '술이부작'의 책이라 단정할 수 있을까? 구체적으로, '『동사강목』은 이미 저술된 『고려사』, 『동국통감』 등의 자료를 모아서 필요한 사실을 가려 뽑아 단순히 옮겨 적은 단순한 역사책에 불과한 것일까?' 하는 의문을 제기해 볼 수 있다. 비록 3권의 적은 분량에 불과한 수택이지만, 안정복이 『고려사』의 내용을 보완하기 위해 여러 자료를 조사하여 주기한 내용이 어떻게 『동사강목』의 서술에 녹아들어 갔는지를 검토하는 텍스트 자체의 분석 작업은 이러한 의문에 대한 해답을 찾는 일이 될 것이다.

역사책의 사론(史論)이나 범례(凡例) 등을 주로 분석하여 역사가와 그 역사책의 위치와 성격을 파악하는 작업이 종래 사학사 연구의 주된 방식이었다. 미안한 말이지만, 요즈음 매주 신문 학술면의 주요 내용을 장식하는 서평란에서 구사하고 있는, 책의 서문이나 목차, 결론을 읽고 책의 가치를 평가, 소개하는 방식과 무슨 차이가 있는가? 종래의 사학사 연구가 이런 방식에서 크게 벗어나지 않는다고 한다면 지나친 표현일까?

이곳에서는 그러한 딱딱하고 의례적인 방법론을 탈피하여 『동사강목』이라는 텍스트 자체의 분석을 통해 『동사강목』의 역사적 가치를 추적하는 작업을 하게 될 것이다. 이는 기존의 사학사 방법론을 한 단계 도약시키는 일이 되리라는 기대도 하여 본다.

먼저, 안정복이 수택본에서 열전의 내용을 보충하기 위해 문집이나 묘지명 등에서 새로운 사실을 뽑아 주기한 것이 『동사강목』에 실제로 어떻게 반영되었는지 살펴보기로 한다. 다음, 검토의 범위를 넓혀 수택본의 저본이 된 내용(『고려사』 열전 21~23)이 『동사강목』에 어떻게 반영되었는가를 검토하고자 한다. 마지막으로, 『동사강목』의 고려시대 부분을 다른 역사책과 비교하면서 『동사강목』의 서술 방식과 특성을 검토하고자 한다.

새로 쓴 『고려사』

안정복은 문집이나 묘지명 등을 뒤져, 『고려사』의 내용을 보완할 만한 사실들을 뽑아 수택본에 기록하였다(〈부록 1〉에 정리되어 있다.). 그 가운데 일부는 『동사강목』을 저술하는 데 그대로 반영하였다. 몇 가지 예를 들기로 한다.

다음의 사진자료는 안정복이 이혼(李混)의 세보(世譜; 譜略)에 실려 있는 사실을 수택본에 옮겨 적은 것이다. 물론 『고려사』에 없는 내용이다.

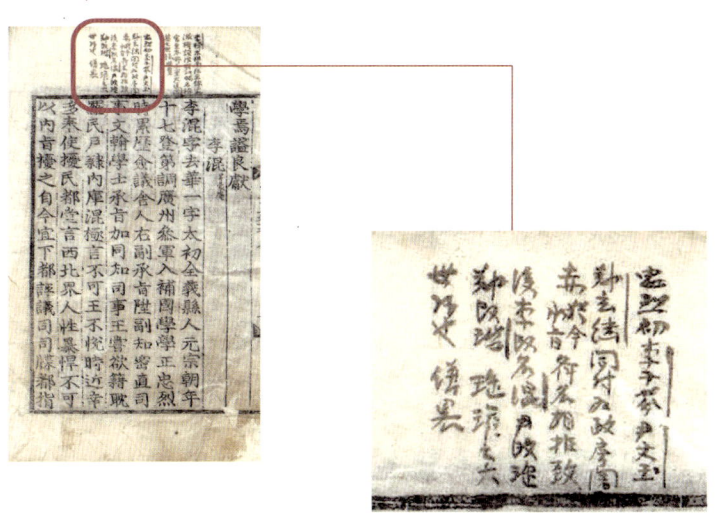

'이혼, 윤보, 정해는 함께 정방의 필도치가 되어 이름을 나란히 하였다.'는 사실을 이혼의 족보 자료에서 옮겨 적은 것이다. 이 내용은 동사강목에도 반영되었다.

안정복은 이 내용을 다시 『동사강목』에 정해(鄭瑎)가 죽은 사실을 기술하면서 그대로 옮겨 적었다. 구체적으로 『동사강목』에 실린 사실은 다음과 같다. 아래의 밑줄 친 부분이 바로 수택본에 주기된 내용인데, 위의 사진 자료와 일치한다.

六月 贊成事 鄭瑎卒
(6월 찬성사 정해가 죽었다.)
瑎 顗之孫 初爲必闍赤 與李混尹珤 齊名 後掌銓注 執法不阿 雖近倖稱
旨干請 亦不聽
(해는 의(顗)의 손자이다. 처음에 필도치가 되어, 이혼, 윤보와 함께 이름을 나란히 하였다. 뒤에 관리의 인사를 맡았는데, 법에 따라 처리하고 윗사람들에게 아부하지 않았다. 비록 임금의 총애를 받은 사람들이 간청을 해도 또한 들어주지 않았다.)
-권13 상 충렬왕 31년(1305) 6월조

다음의 사진자료는 이색(李穡)이 지은 안보(安輔)의 묘지명에서 관련 사실을 뽑아 수택본에 적어 놓은 것이다.

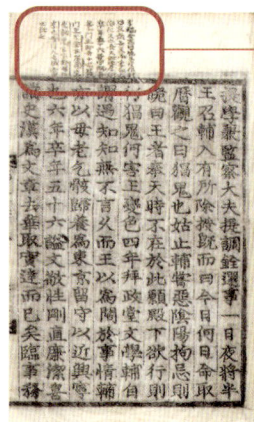
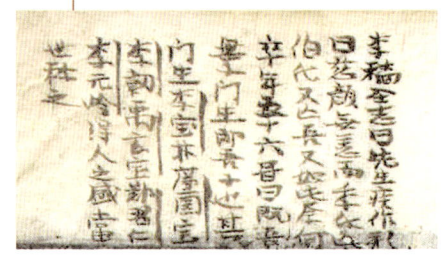

안정복은 이색이 작성한 안보의 묘지명에서 필요한 내용을 가려 뽑아 이같이 수택본에 적었다. 이 내용은 다시 동사강목에 반영되었다.

　안정복은 위의 자료를 정리하여(아래의 밑줄 친 부분) 『동사강목』에 다음과 같이 서술하였다.

　　九月 政堂文學 安輔卒
　　(정당문학 안보가 죽었다.)
　　輔 性剛直廉潔 喜讀史翰 爲文章 去華取實 達而已矣 … 輔嘗曰 吾無子 門生卽吾子也 其門生 李寶林禹玄寶鄭習仁李元齡等 得人之盛 萬世稱之
　　(안보는 성격이 강직하고 청렴하다. 역사 기록을 읽고 문장 짓기를 좋아했다. 화려한 것을 버리고 내실을 취하여 통달함이 있었다. … 안보는 일찍이 '나에게 자식은 없으나, 문생들이 나의 자식이다.'라고 말했다. 이보림, 우현보, 정

습인, 이원령 등 훌륭한 문생을 얻어서 세상 사람들이 그것을 칭송하였다.)

-권14 하 공민왕 6년(1357)조

다음 사진자료는 최성지(崔誠之)와 윤신걸(尹莘傑)에 관한 행적을 각각 이제현(李齊賢)과 최해(崔瀣)의 묘지명에서 뽑아 수택본에 옮겨 적은 것이다. 역시 『고려사』 열전에는 없는 내용들이다.

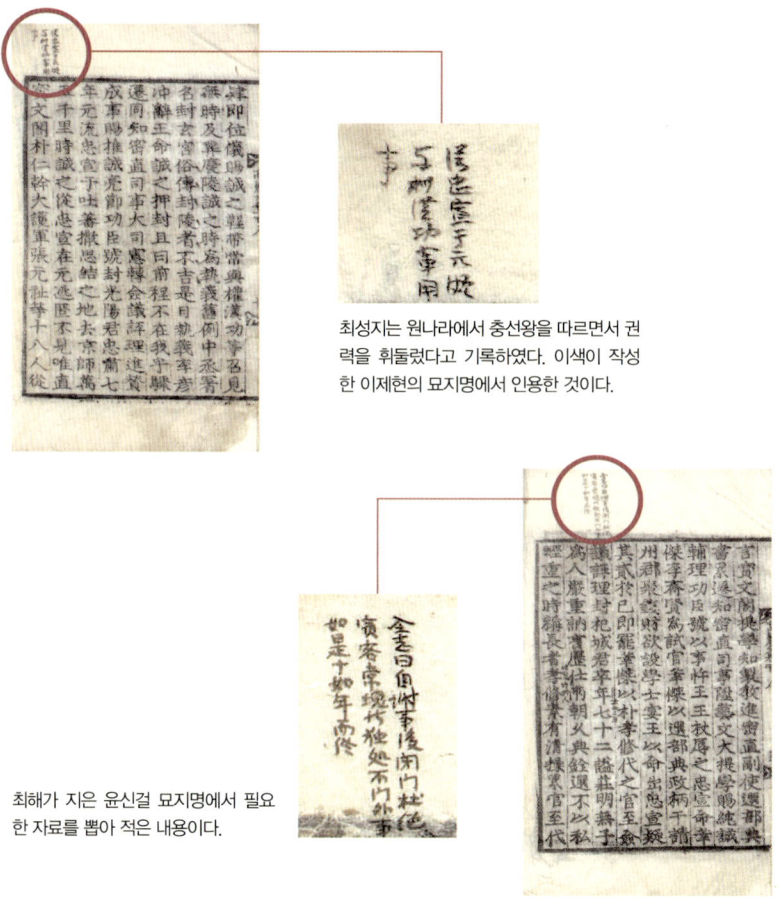

최성지는 원나라에서 충선왕을 따르면서 권력을 휘둘렀다고 기록하였다. 이색이 작성한 이제현의 묘지명에서 인용한 것이다.

최해가 지은 윤신걸 묘지명에서 필요한 자료를 뽑아 적은 내용이다.

이 내용은 다음의 기록(밑줄 친 부분)과 같이 『동사강목』에 그대로 반영되어 있다.

光陽君 崔誠之卒
(광양군 최성지가 죽었다.)
誠之 甫淳之後 久從忠宣王在元 頗用事取謗
(최성지는 보순의 후손이다. 오랫동안 원나라에서 충선왕을 시종하였으며, 권력을 부려 비난을 많이 들었다.)
- 권13 하 충숙왕 17년(1330) 7월

二月 杞城君 尹莘傑卒
(2월에 윤신걸이 죽었다.)
莘傑 杞溪縣人 性嚴重訥言 事兩朝久典銓選 不以私輕重之 時稱長者 自謝事後 杜門獨處 不問外事十餘年 卒諡莊明
(윤신걸은 기계현 사람이다. 엄중한 성격에다 말이 느렸다. 충선왕과 충숙왕 두 임금을 섬기면서 오랫동안 관리의 인사를 맡았으나, 사사로이 하지 않았다. 당시 사람들은 그를 장자라 칭송하였다. 벼슬을 그만둔 후 홀로 지내면서 10여 년간이나 바깥일에 관심을 가지지 않았다.)
- 권13 하 충숙왕 후6년(1337)

이상 몇 가지 대표적인 예를 들었다. 안정복의 수택본은 결국 그가 독서를 하는 틈틈이 흥미삼아 관심이 가는 관련 자료를 뽑아 정리한 것은 아니었다. 수택본은 『동사강목』 고려편의 저술을 위해 부족한 『고려사』의 내용을 보완하고자 의도적으로 관련 자료를 폭넓게 읽고 정리한 일종의 '연구노트'라 보아야 할 것이다. 위에서 살폈듯이 안정복은 '연구노트'의 내용을 실제로 『동사강목』 저술에 반영시켰다.

『고려사』의 내용을 기본 토대로 하여 『동사강목』 고려편을 저술한 점에서 그 역시 '술이부작'의 원칙을 존중하고 있다. 그러면서도 문집, 족보, 묘지명 등에서 『고려사』의 내용을 보완해 줄 새로운 자료를 뽑아내어 수택본에 정리한 후, 『동사강목』을 저술할 때 그 내용을 보완한 것은 그러한 원칙을 뛰어넘는다. 다시 말하면 『동사강목』 고려편은 안정복에 의해 새롭게 저술된 그야말로 '새로 쓴 고려사'인 것이다.

안정복은 『고려사』에 기록되어 있지 않은 개별 인물의 자호(字號)나 시호(諡號)를 묘지명이나 족보 등에서 찾아내어 수택본에 정리했다가 『동사강목』에서 해당 인물을 서술할 경우 반영시키기도 했는데, 다음의 사진자료는 이전(李瑱), 안축(安軸), 김광재(金光載), 김륜(金倫)의 자호 등을 조사하여 수택본에 주기한 것이다.

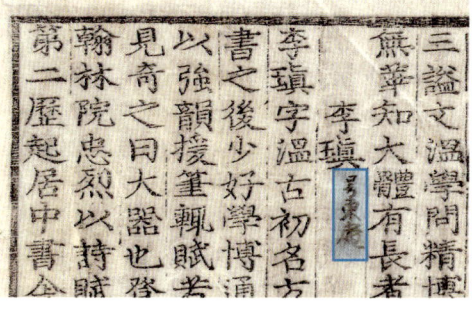

이전의 호를 동암(東庵)이라 적었고, 동사강목에 옮겨 적었다.

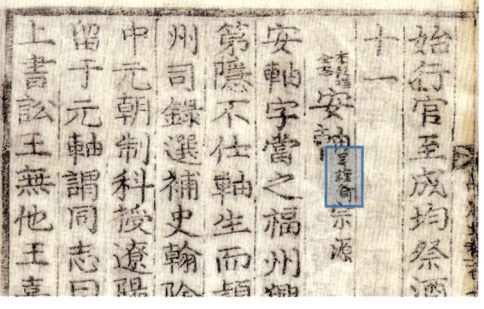

안축의 호를 근재(謹齋)라 적었고, 동사강목에 반영하였다.

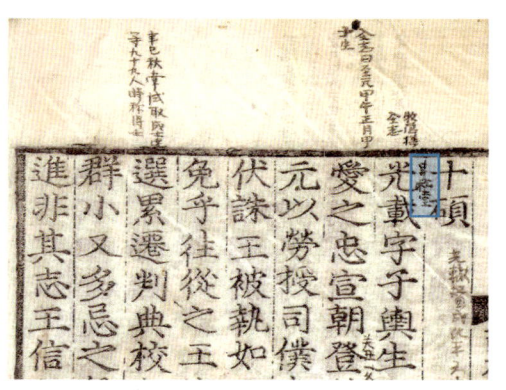

김광재의 호를 송당(松堂)이라 적었고, 동사강목에 반영하였다.

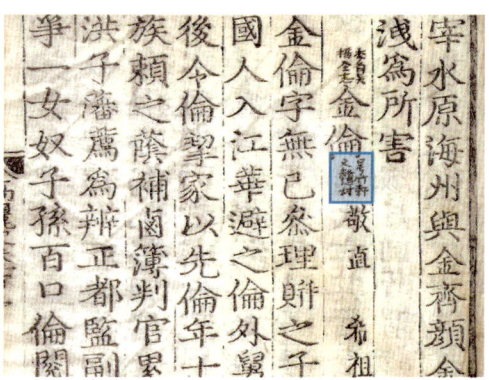

김륜의 호를 죽헌(竹軒) 또는 당촌(戇村)이라 적었고, 동사강목에 반영하였다.

이 가운데 이전의 호가 『동사강목』의 서술에 반영된 사실을 알려주는 자료를 제시하면 다음과 같다(아래의 밑줄 친 부분). 물론 김륜, 안축, 김광재의 경우도 『동사강목』에 반영되어 있지만 여기서는 생략하기로 한다.

> 九月 檢校政丞 李瑱卒
> (9월 검교정승 이전이 죽었다.)
> 瑱 依勢多奪人臧獲 哀訴者日踵門 校勘崔沔 縊於瑱門 諡文定 <u>號東庵</u>
> (이전은 권력으로 다른 사람의 노비를 많이 빼앗았다. 억울하여 호소하는 사람들의 발길이 끊이지 않았다. 교감인 최면이라는 사람은 이전의 집 앞에서 목을 매어 죽었다. 시호는 문정이며, 호는 동암이다.)
> -권13 하 충숙왕 8년(1321) 9월

유교사가 안정복의 면모

수택본 내용이 『동사강목』 고려편에 반영된 부분을 검토해 보면 흥미 있는 사실들이 나타난다. 안정복은 과거를 통해 진출한 인물에 특히 관심을 가지고 그들에 대해 자세하게 서술하고 있다. 물론 필자의 수택본은 인물들의 전기를 담은 열전 부분이라는 특성 때문에 그렇기도 하지만, 『동사강목』의 다른 서술 부분을 검토해 보면 반드시 수택본의 특성 때문만은 아님을 알 수 있다. 『동사강목』 여러 곳에서 그는 과거제도를 처음 실시한 광종을 높이 평가하고, 이로 인해 고려의 교육과 학문이 크게 융성한 사실에 대해 매우 긍정적으로 평가하고 있다. 안정복의 이러한 관심사는 수택본에 수록된 인물에 대한 『동사강목』의 서술 부분에도 그대로 나타나고 있다.

안정복은 수택본에 실린 인물들이 대체로 원 간섭기에 살았던 사람들이 많아서인지, 이들 가운데 당시 원나라에서 시행한 외국인을 위한 과거시험인 제과(制科)를 본 사람들의 합격 사실을 특별히 기록하고 있다. 이들 인물 가운데 문집이나 묘지명 자료에서 과거에 합격한 해를 확인했을 경우 『동사강목』의 해당 연도에 일일이 그 사실을 기록하였다. 예를 들면 다음과 같다.

주부 최해는 원나라에 가서 제과에 합격하였다〔注簿崔瀣 如元中制科; 권13 하 충숙왕 8년(1321)〕.

『고려사』 등에서는 당시 인물들이 제과에 합격한 사실을 일일이 기록하지 않고 있다. 최해 외에도 안축(安軸), 이곡(李穀), 안보(安輔)의 경우도 원나라 과거에 합격한 사실을 『동사강목』에서 자세하게 밝히고 있다. 이 점은 『동사강목』만이 지니는 서술상의 특성이라 할 수 있다.

안정복은 유자(儒者)라는 자신의 위상에 따라 고려왕조 때 과거제도가 처음 시행되어 비로소 유학이 크게 발달하기 시작한 사실에 주목하였고, 나아가 과거 출신 인물의 활동에 주목하게 되었다. 안정복이 수택본에 주기를 남긴 인물들이 거의 대부분 과거 출신 관료라는 사실도 역사에서 그가 관심을 기울인 부분이 어디에 있었는가를 잘 보여 준다. 이러한 관심은 궁극적으로 유교 문치주의(文治主義)의 전개와 실현 과정을 고려왕조 역사의 주요한 내용으로 인식하고 있었음을 알려 준다.

안정복의 고려시대 유학과 학문에 대한 관심은 이러한 사실에 대한 『고려사』 서술을 비판하는 데까지 이르고 있다. 안정복은 고려 성리학의 수용과 보급에 큰 역할을 했던 안향(安珦)을 평가한 『고려사』 찬자의 시각을 비판하고, 안향에 대해 나름대로 새로운 평가를 하였다.

『고려사』 안향 열전(권105)에 따르면 안향이 충숙왕 6년(1319) 문묘(文廟)에 종사(從祀)한 이유를, 그가 인재를 양성할 양현고(養賢庫)의 재원이 부족하자 관리들에게 은과 포를 거두어 섬학전(贍學錢)을 설치하여 인재 양성에 힘썼기 때문이라 하였다.

안향(1243~1306)의 모습. 안정복은 안향에 대해 성리학을 수용하여 고려의 문풍을 일으킨 인물이라 평가하였다.

이에 대해 안정복은 섬학전 설치 때문에 문묘에 종사되었다는 『고려사』 찬자의 견해는 대단히 비루한 것이라고 비판하였다. 그는 조선 중기 주세붕(周世鵬)의 사론에 근거하여 안향을 새롭게 평가하였다. 즉 "안향은 삼한의 오래된 습속을 씻어내고, 이제현, 정몽주 같은 사람들에게 영향을 끼쳤다. 공은 천리(天理)를 다시 밝히고 문풍(文風)을 크게 일으킨 동방 도학(道學)의 조상이다. 이 때문에 문묘에 종사되었다."고 평가했다〔권13 상 충렬왕 32년(1306) 7월 기록〕.

이러한 평가는 고려 역사에서 유학의 흐름에 주목했던 그의 관심사가 잘 드러나는 한편으로 『동사강목』 고려편이 『고려사』를 뛰어넘는 새로운 역사서, 즉 새로 쓴 고려왕조의 역사서임을 잘 보여 주는 대목이 된다.

유학과 그로 인한 문교(文敎)와 학문의 융성, 나아가 문치주의의 실현을 이상적인 역사로 여겼던 안정복의 역사관은 한편으로 엄격한 유교적 도덕주의의 잣대에 맞추어 국왕과 관료집단을 비판하는 역사 서술로 나타나기도 한다.

다음은 『동사강목』에 실린 이조년(李兆年)에 관한 사실이다.

李兆年 致仕 還鄉
(이조년이 벼슬을 그만두고 고향으로 돌아갔다.)
李氏齊賢曰 諸侯有諍臣五人 雖無道 不失其國 公之去也 有若骨鯁之士 繼而言之者 四五輩 岳陽之辱 其亦庶乎免矣
(이제현이 말했다. 제후에게 5명의 간쟁하는 신하가 있다면, 나라가 도가 없더라도 나라는 망하지 않는다. 공(이조년)이 떠난 후 계속 간언을 할 곧은 절개를 가진 신하 4, 5명만 있었더라도 왕은 악양에서의 치욕을 면할 수 있었을

것이다.)

-권14 상 충혜후 2년(1341) 9월조

여기서는 이조년이 단순히 귀향한 사실만 기록하고 있다. 그가 왜 벼슬을 그만두고 귀향했는지에 대해서는 위의 기록만으로는 알 수 없다. 다만 위의 밑줄 친 부분과 같이 이조년의 귀향을 안타깝게 생각한 이제현의 생각만을 옮겨 적고 있을 뿐이다.

그런데 다음의 사진자료에 따르면 이제현의 언급(위의 밑줄 친 부분)은 그가 지은 이조년 묘지명에서 안정복이 옮겨 적은 것임을 알 수 있다.

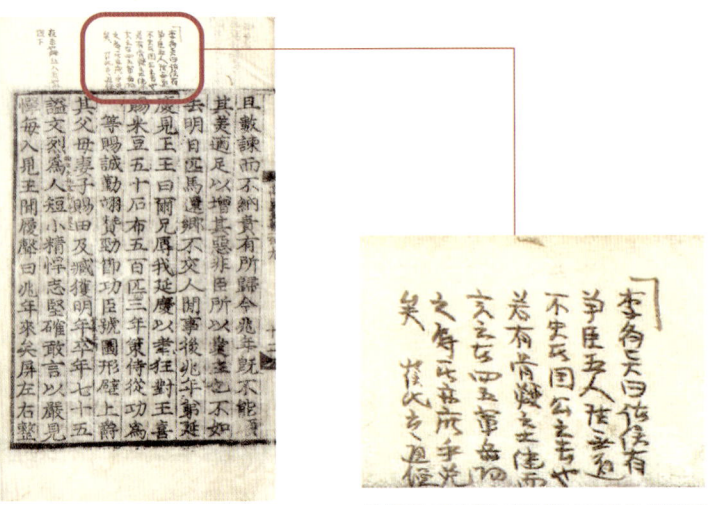

이제현은 이조년의 묘지명을 지으면서 이조년의 강직한 성품을 특별히 기록하였다. 안정복은 이 사실을 수택본에 적었고, 동사강목에도 반영하였다.

위의 기록에 나타나 있지 않지만 『고려사』 열전과 『동사강목』에 따르면 당시 충혜왕은 시정의 건달과 다름없는 악소배(惡少輩)들과 어울려 유희를 즐기면서 정사(政事)를 소홀히 하였다. 또한 악소배들은 충혜왕의 권세를 이용하여 부녀자를 희롱하고 남의 재산을 강탈하여 백성이 큰 고통을 받았다. 이조년은 이러한 사실을 중지할 것을 여러 번 충혜왕에게 상소를 하거나 직언(直言)을 하였으나, 왕은 그의 말을 들어주지 않았다. 이 때문에 이조년은 귀향하였다.

안정복은 『동사강목』에서 충혜왕을 직접 비판하기보다는 '이조년과 같은 지조 있는 선비 4, 5명만 있어도, 충혜왕이 끝내 원나라에서 비참한 죽음을 맞이하지 않았을 것' 이라는 이제현의 언급을 『동사강목』 서술에 반영함으로써 우회적으로 자신의 심정을 토로하였다. 이를 통해 안정복은 뒷사람들에게 백성을 돌보지 않고 도덕성이 결여된 통치자는 비참한 최후를 맞이한다는 강한 메시지를 전달하고 있다. 유교적 도덕주의를 강조한 유교사가 안정복의 또 다른 면모를 확인하게 된다.

안정복은 『동사강목』에서 충선왕이 부왕(父王) 충렬왕의 비인 숙창원비(淑昌院妃)를 간통한 후 다시 숙비(淑妃)로 봉한 사실을 기록하면서, 우탁(禹倬)이 이에 대해 충선왕에게 상서를 올려 비판했으나, 왕이 듣지 않았다는 사실을 함께 기록하였다. 이를 통해 안정복은 충

이조년(1269~1343)의 모습

선왕의 비행을 우회적으로 비난하였다.

안정복은 충선왕의 잘못을 비판한 우탁의 상소문이 『고려사』 등에 전하지 못한 것을 매우 아쉬워하는 심정을 다음의 사진자료와 같이 수택본의 여백에 적었다.

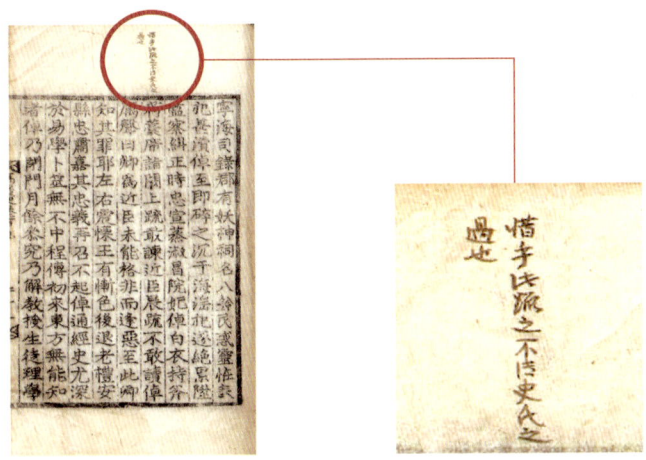

안정복은 충선왕을 비판한 우탁의 상소문이 전하지 않음을 아쉬워하는 글을 이와 같이 수택본에 남기고 있다.

'애석하도다. 우탁의 상소문이 전해지지 않음이여. 역사가의 잘못이다(惜乎 此疏之不傳 史氏之過也).'

그는 여기에서 더 나아가 우탁이 죽음을 무릅쓰고 간언을 한 것을 높이 평가한 조선 초기 역사가 최부(崔溥)의 사론을 또한 『동사강목』에 실었다. 철저하고도 엄격한 도덕주의를 견지했던 유교사가 안정복의 모습을 또 한 번 확인하게 된다.

역사학의 생명줄, 철저한 고증

안정복은 『동사강목』을 편찬하는 과정에서 『고려사』 세가와 열전, 그리고 기타의 자료에서 내용이 서로 어긋나는 부분을 정리 대조하면서 나름대로의 판단에 근거하여 사실을 수정하기도 하였다.

『고려사』 세가에 따르면 박원(朴瑗)은 충숙왕 11년 우부대언(右副代言)에 임명되었다. 안정복은 수택본에 입전된 안축(安軸)이 역시 같은 해에 성균악정(成均樂正)에 임명된 사실을 확인하고, 『동사강목』 충숙왕 11년조에서 박원과 함께 안축도 이때 임명되었다고 기록하였다(以朴瑗爲右副代言 安軸爲成均樂正: 권13 하 충숙왕 11년 2월조). 그의 철저한 고증 정신을 보여 주는 대목이다. 이러한 서술은 『동사강목』의 여러 부분에서 확인할 수 있다.

수택본의 채홍철(蔡洪哲) 열전에는 그가 과거시험을 주관한 지공거(知貢擧)가 된 사실이 기록되어 있다. 그러나 언제 지공거가 되었는지에 대해서는 기록이 없다. 안정복은 다른 기록을 통해 채홍철이 충숙왕 후 5년에 지공거가 된 사실을 수택본에 기록하였고(204쪽 사진 참고), 이를 근거로 『동사강목』 충숙왕 후 5년조에 채홍철이 지공거가 되었다고 기록하였다. 〈부록 1〉에 따르면 안정복은 해당 인물의 관직 제수 시기, 등과 시기 등에 대하여 수택본에 자세하게 기록한 사실을 확인할 수 있는데, 이는 대체로 이러한 사실을 『동사강목』에 자세하기 기록하기 위한 기초 작업의 하나임을 알 수 있다.

수택본에 수록된 홍빈(洪彬) 열전에서 그가 죽은 해는 기록되어 있지 않다. 그러나 안정복은 그의 사망 시기가 계사년(癸巳, 공민왕 3년)임을 다른 자료에서 확인하여 수택본에 그 사실을 주기하였다(208쪽 사진 참고). 이를 토대로 안정복은 『동사강목』 공민왕 3년조에 홍빈이 죽은 사실을 기록하였다. 홍빈 외에도 민종유(閔宗儒), 우탁(禹倬)의 경우도 죽은 해를 확인하여 『동사강목』 해당 연도에 그러한 사실을 기록하였다. 안정복의 철저한 고증 태도를 보여 주는 좋은 예가 된다. 나아가 이는 『동사강목』의 기록이 『고려사』에 비해 진일보한 측면을 보여 주는 한편으로 『동사강목』이 단순히 과거의 사실을 그대로 옮겨 적은 2차 자료집이 아니라 그야말로 새롭게 쓰인 독창적인 역사서임을 알려 준다.

『고려사』 세가에는 충선왕비 의비(懿妃)는 충숙왕 3년(1316) 7월 원나라에서 죽어, 다음 달인 8월 고려에서 장사를 지냈다고 기록되어 있다. 한편 수택본에 입전된 김이(金怡) 열전에는 세가의 기록과 달리, 의비가 원나라에서 죽자 충숙왕은 의비의 장지(葬地)를 원나라에 두었고 김이는 3년 동안 원나라에서 의비를 위하여 제사를 지냈다고 기록되어 있다. 동일한 사실에 대해 이같이 『고려사』 세가와 열전이 다르게 기록한 사실에 안정복은 주목하였다.

이에 대해 그는 『동사강목』 부록 고이(考異)편에서 '세가를 따르되, 대략 이전(怡傳)을 취한다.'라고 했다. 실제로 그는 『동사강목』 권13 상 충숙왕 3년 7월조에서 의비가 사망한 사실을 기록하고, 8월에 고려에서 장례를 지냈다고 기록했다. 이는 고이편에서 '세가의 기록을 따른다.'고 한 입장을 반영한 것이다. 그러면서 『동사강목』 권13 상 충숙왕 3년 10월조에서는 『고려사』 김이 열전의 기록 즉 3년간 김이가 원에서 의비를 제사지냈다는 내용을 믿은 유계(兪棨)의 사론을 소개하였다. 이는 고이편의 '대략 이전(怡傳)을 취한다.'는 입장이 『동사강목』 서술에 실제 반영되었음을 보여 준다.

이러한 사실은 안정복이 『동사강목』을 편찬하는 데 있어서 나름 대로 얼마나 객관적이고 실증적인 입장에 서 있었는가를 보여 주는 좋은 예가 된다. 철저한 고증에 입각한 안정복의 이 같은 작사정신(作史情神)이 역사서로서 『동사강목』의 가치를 한결 높게 한다. 이 글은 수택본과 관련된 사실에 대한 안정복의 고증이 실제로 『동사강목』에 어떻게 반영되었는가를 제한적으로 살피는 데 그칠 수밖에 없지만, 이 문제를 『동사강목』 전체로 확대시켜 정리하게 될 경우 그의 고증 태도, 나아가 『동사강목』이 지니는 사료적 가치는 보다 분명하게 드러날 것이다.

가위와 풀의 역사?

우리 역사학도들에게 매우 친근한 책 『역사란 무엇인가』에서 저자 카(Carr)는 '가위와 풀의 역사'라는 유명한 말을 남겼다. 그는 '오로지 사실이 어떠했는가.', '사실로 하여금 역사를 말하게 해야 한다.'는 랑케와 그 추종자들의 실증주의 역사학의 '사실 숭배'를 비판하는 뜻에서, 그런 식의 역사를 '가위와 풀의 역사'라 이름 붙였다. 역사를 '과거와 현재의 대화'로 규정했던 그가 현실과 무관한 역사 연구, 미래에 대한 전망 없이 오로지 사실들을 끌어 모아 그것을 구성하기만 하면 역사가 된다는 생각을 가진 실증주의 역사학자들에 날린 통렬한 카운터펀치가 바로 '가위와 풀의 역사'라는 말이다.

가위는 무수한 사료더미 속에서 필요한 내용을 가려 뽑는 역할을 상징하는 도구이다. 풀은 가려 뽑은 사실들을 다시 시간과 공간, 인과관계에 따라 분류하고 배치하는 역할을 상징하는 도구이다. 따라서 가위와 풀은 역사 연구에서 없어서는 안 되는 기초적인 작업 도구이자 역사 연구의 기본에 해당한다. 그렇다면 '가위와 풀의 역사'를 비난했던 카는 역사 연구의 이 같은 가장 기초적인 작업 과정을 부정하고 제3의 방법을 갖고 있었다는 말인가?

그러나 그가 수행한 연구를 보면 그는 근대사가로서 누구보다도 그야말로 가위와 풀을 잘 활용하는 데 충실한 연구자였다. 그가 '가위와 풀의 역사'를 비난한 것은 역사 연구의 기초적인 과정을 무시하거나 부정하려는 뜻에서가 아니었다. 역사가는 좀 더 자신이 몸담고 있는 현실에 대한 진지한 성찰과 미래에 대한 전망 위에서 역사를 연구하고 서술해야 한다는 점을 말하고자 했던 것이다. 그래야만 제대로 된 역사 서술, 역사 연구가 나올 수 있기 때문이다.

한때 현재와 미래에 대한 성찰이 없는, 지나치게 사실 고증에만 치우친 딱딱하고 지루한 역사학이 우리 역사학계를 풍미하던 시기가 있었다. 그러한 풍토에 염증을 느낀 사람들은 카의 말을 공격의 무기로 삼아 실증에 치중한 역사학을 공격했다. 그러다 보니 '가위와 풀'의 역할을 아예 무시하는 엉터리 역사학이 역사학의 반열에 당당히 오르기도 했다. 오해 없으시기 바란다. 악화가 양화를 밀어내는 이러한 풍토가 '가위와 풀의 역사'보다 더 무서운 독약이라는 사실을 명심해야 한다. 과일을 먹기 위해서는 과일을 자르거나 껍질을 벗길 칼이 필요하듯이, '가위와 풀의 역사'는 역사 연구자가 반드시 지녀야 할 가장 기초적인 덕목이다.

나는 '구슬이 서 말이라도 꿰어야 보배'라는 우리말 속담에 빗대어 역사 연구의 방법과 목적을 학생들에게 설명한다. 즉 역사 연구는 '사실과 해석'의 조화임을 강조하기 위해 이러한 비유를 들곤 한다.

구체적으로 구슬이 구슬로서의 고유한 가치를 지니려면, 용도에 맞게 잘 활용되어야 한다. 그러기 위해 팔찌면 팔찌, 목걸이면 목걸이 등 현재 내가 필요로 하는 물건이 무엇인가가 먼저 결정되어야 한다. 이는 순서가 바뀌었지만, '사실과 해석' 가운데 '해석'에 해당하는 부분이다. 무슨 물건을 만들 것인가 하는 것은 내게 필요한 물건이 무엇인가 하는 문제이며, 역사 연구로 치면 현재와 미래에 대한 역사가 나름의 전망에 해당한다. 이는 앞서 말한 카의 명제, 즉 '과거와 현재의 대화'에 해당한다. 이를 위해서 필요한 '사실'이 있어야 한다. 수많은 구슬 속에서 만들어야 할 물건에 맞는 색깔과 크기의 구슬은 사실에 해당한다. 그러한 구슬을 고르고 정리하는 역할과 행위는 바로 '가위와 풀'의 몫이다.

어떤 물건을 만들 것인가 하는 것도 중요하지만, 만들어야 할 물건에 맞는 크기와 색깔의 구슬을 고르는 일에 소요되는 '가위와 풀'의 역할도 중요한 일이다. 이는 역사 연구에서 해석과 사실의 그 어느 부분도 무시할 수 없지만, 특히 그동안 비난만 받았던 '가위와 풀'의 역할을 홀대하지 말자는 뜻에서 한 말이다. 사실과 해석의 조화가 필요하다. 둘 가운데 어느 하나가 부족할 때 의식과 정신이 결여된 역사 혹은 이데올로기의 노예가 되는 편향된 역사로 타락하게 된다.

250년 전 역사가 안정복은 이 두 가지 점을 이미 모두 갖추고 있었다. 그가 살던 시대에 카와 같은 역사가가 있었을 리 만무하다. 그러나 안정복은 역사학의 그러한 진리를 이미 체득하였던 것이다. '성리학에 종속된 역사', '중국 중심의 역사'에서 벗어나 우리나라의 역사를 새롭게 저술하겠다는 흐름은 그가 살던 시대에 하나의 새로운 시대정신이었다. 이른바 실학파 역사학자로 불리는 일군의 새로운 역사학자들은 우리나라 역사와 강역에 대해 새롭게 눈을 뜨고 역사 연구를 하기 시작했던 것이다. 안정복은 스승인 반계 유형원과 성호 이익, 그리고 동료 학자들의 영향으로 그러한 흐름에 일찍 눈을 뜨고 그것을 받아들였다. 수많은 역사서를 두루 섭렵하는 과정에서 부족한 사실을 보충하고, 사실의 인과관계를 따지고 계통을 세우는 이른바 '가위와 풀의 역사' 방법론을 체득하였다. 이러한 안정복의 진면목은 수택본을 중심으로 한 역사 서술에서도 잘 나타나 있다.

안정복은 '가위와 풀'을 어떻게 사용했는가

안정복의 수택본 자료와 『동사강목』을 검토해 보면 그가 역사학의 가장 기초적인 방법인 가위와 풀을 사용한 흔적을 추적할 수 있다. 다음의 기록에 주목하기로 한다. 다음의 사료 1은 『고려사』 세가에 실린 기록이다.

> 1. 신유일 민적을 평양윤으로, 김이를 우부승지로 각각 임명하였다.
> (辛酉 以閔頔爲平壤尹 金怡爲右副承旨)
> −권33 충선왕 원년(1309) 12월조

같은 사실을 안정복은 『동사강목』(권13 상 충선 원년 12월조)에서 다음의 사료 2와 같이 기록하였다.

> 2. 12월 민적을 평양윤으로, 김이를 우부승지로 각각 임명하였다.
> (十二月 以閔頔爲平壤尹 金怡右副丞旨)

(가) 민적은 종유의 아들이다. 모습이 빼어나고 아름다웠다. 충렬왕이 그를 국선으로 지목하였다. 왕을 따라 원나라 수도에서 4년간 머물면서 왕을 모시는 데 매우 수고하였다. 김이 또한 왕을 따라 원나라에 갔다. 왕이 모함을 받아 비용이 부족하자 돈을 빌려 왕을 모셨다.
(頔 宗儒之子也 風儀秀雅 忠烈目爲國仙 從王在燕邸四年 頗著勤勞 怡亦以從臣入元 王之被讒 資用不繼 欲賣寶帶 怡遂貸錢以供頔)

(나) 뒤에 충렬왕과 충선왕이 원에 함께 머물면서, 두 국왕의 신하들이 서로 대립하였다. 김이는 장차 화가 일어날까 두려워하여, 몰래 왕이 받은 원나라 황제의 조칙을 꺼내 허리에 차고 다른 종이를 빈 상자 안에 넣어 두어 그대로 봉하였다. 수일 후에 과연 다른 사람이 훔치자, 왕이 크게 놀랐다. 김이는 왕에게 몰래 그 사실을 알렸다. 한 달쯤 지나 나쁜 무리들(군소배)이 계책을 내었으나, 김이가 갖고 있던 황제의 책명을 꺼내 증명을 하자, 그 일은 중지되었다.
(後忠烈與王俱在元 兩王之臣 角立相傾 怡懼禍將起 密取王受封詔冊 潛帶腰間 以他紙納空宣匣中 封緘如故 居數日 宣匣果爲人所竊 王大驚 怡密告之 月餘 群小計垂成 怡出所佩冊命以驗之 事遂寢)

사료 2 즉 『동사강목』의 기록은 사료 1에 근거하여 안정복이 이와 관련된 여러 사실들을 다른 자료에서 뽑아 새롭게 서술한 것이다. 구체적으로 (가) 부분은 『고려사』 권108 민적(閔頔) 열전, (나) 부분은 『고려사』 권108 김이(金怡) 열전에서 관련된 사실을 뽑아 반영한 것이다.

이같이 안정복은 있는 자료를 자신이 임의대로 뜯어 고치지 않고 옮겨 적는, 이른바 '술이부작(述而不作)'의 원칙을 견지하면서도, 관련 자료를 충실하게 재편집하여 『동사강목』의 편찬에 반영하였다. 『동사강목』이 결과적으로 『고려사』보다 훨씬 체계적으로 풍부한 사실을 담게 된 것은 결국 안정복의 '가위와 풀'을 사용하는 솜씨 때문이다. 이 때문에 『동사강목』 고려편은 '새롭게 쓴 고려사' 라는 독창성을 갖게 된 것이다.

이러한 서술 방식이 한 단계 더 진전된 것이 다음과 같은 『동사강목』〔권13 하 충혜왕 복위년(1339) 8월조〕의 서술 부분이다.

정승 조적이 난을 일으켜 왕궁을 포위하였으나, 군사들이 패하여 목이 베였다. 이때 조적은 심왕 고와 서로 모의하여 고를 원나라에 보내고, 자신은 병을 핑계로 문밖 출입을 하지 않았다. 경화공주가 조적을 불러 왕의 포악함을 말했다.
(時曹頔與瀋王暠相謀 送暠入元 因稱疾不出 慶華公主召頔 道王凌暴狀)
(가) 조적은 홍빈 및 정동해성의 관리들과 영안궁에 갔다. 이 궁에는 공주가 거처하였다. 거기서 백관을 불러 모아 군소배들을 몰아내자고 하면서 내심으로 심왕의 편을 들었다.
(與洪彬及省官 至永安宮 宮卽公主所居也 招集百官 聲言逐去群小 而陰爲瀋王地)
(나) 조적이 백관을 위협하여 그 꾀를 알렸다. 홍빈이 말하기를 '이같이 한들 잃는 것이 더 많습니다. 설령 그 형이 무도해도 동생이 있는데,

심왕이 어떻게 낄 수 있겠습니까.'라고 하였다.

(頤脅百官告其謀 彬曰若是 失之又甚矣 縱其兄不道 有弟在 瀋王何與焉)

(다) (조적이 왕궁을 습격하자) 왕은 날래고 활을 잘 쏘았다. 왕은 정예 군사 십수 명을 데리고 포위를 뚫고 길가로 나와 소리를 치기를 '역적은 조적이다. 나머지 사람들은 그의 협박 때문에 가담한 것이다. 내가 잘 알고 있으니, 두려워하지 말라.'고 하였다. … 그때 김륜, 한종유 등이 재판을 맡아 모두 엄하게 처리하였다.

(王驍勇善騎射 率精銳十數人 突出潰圍 馳呼於道曰 逆賊頤也 餘人爲所脅耳 予悉知之 無恐 … 時金倫韓宗儒治獄 一府皆慾嚴治)

(라) 김륜이 홀로 말하기를 '이 무리들은 잘못하여 조적의 사주를 받았으니, 어찌 책임을 물을 수 있는가?'라고 말하였다.

(倫獨曰 此輩註誤於頤指嗾 何足責哉)

충혜왕 때 왕을 제거하려는 조적(曹頤)의 난을 기록한 부분이다. 『고려사』 세가에는 이 부분이 생략되어 있고, 『고려사』 권131 조적 열전에만 관련 사실이 실려 있다. 『동사강목』 기록은 다른 자료에서 관련 사실을 보충하여 『고려사』 조적 열전의 내용보다 더 자세하다. 구체적으로 위의 기록에서 (가)와 (다) 부분은 다음의 사진자료와 같이 이색(李穡)이 지은 홍빈(洪彬)의 묘지명에서 관련 사실을 뽑아 수택본에 정리한 것이다. (나) 부분은 『고려사』 조적 열전, (라) 부분은 『고려사』 권110 김륜(金倫) 열전의 내용을 옮긴 것이다.

안정복은 이색이 지은 홍빈의 묘지명 자료를 뽑아 수택본에 정리하였고, 이를 동사강목에 반영하였다. 이 내용은 〈부록 1〉에 다시 정자로 정리하고, 번역해 놓았다 (167쪽).

5부 『동사강목』에 녹아든 수택본 149

이같이 『동사강목』은 묘지명과 다른 열전의 내용을 종합하여 새롭게 서술한 역사서이다. 여러 자료에 실린 사실들을 한곳에 정리한 장점 때문에 오히려 『고려사』의 내용보다 체계적이고 훨씬 상세하다. 『동사강목』이 기왕의 역사서보다도 진전된 측면이 있다면 바로 이러한 점이라 할 수 있다. '가위와 풀의 역사'가 이 정도이면 역사학에서 독이 아니라 양약(良藥)이 되는 셈이다.

　다음은 이제현의 손자 이보림이 남원부사(南原府使)로 재직할 때 제용재(濟用財)를 설치하여 군현의 재정 부족을 보충하고 민생의 안정을 이룩한 치적에 대한 『동사강목』〔권16 상 우왕 원년(1375) 5월〕의 기록이다. 『동사강목』 고려편이 '새롭게 쓴 고려왕조의 역사'라는 사실을 알려 주는 또 다른 좋은 예가 될 것이다.

　(이)보림은 제현의 손자로 정사에 재주가 있다. 일찍이 남원부사를 지냈다. 그때 급한 부세를 조달하지 못해 파산하는 백성이 간혹 있었다. 마침 세금을 포탈한 것을 징수한 포가 얼마 있었다. 안렴사에게 보고하자 안렴사가 허락하여 그 포를 출자하였다. 보림은 재판을 잘하였다. 노비 재판에 노비 한 명당 포 1필을 거두었는데, 모두 650필을 거두었다. 향교의 삼반에서 한 사람씩 뽑아서 이를 관리하게 하였으며, 속현의 급한 비용 외에는 남원부의 향리들이 다른 용도로 사용하지 못하게 하였다. 또한 손님들이 줄을 이어 남원을 방문하면서, 추렴하는 비용이 많아지면서 백성들이 고통스럽게 생각하였다. 다시 안렴사에게 보고하여 포와 쌀 얼마를 얻었다. 예전에 둔전에서 못된 향리들이 농간을 부

렸다. 보림은 직접 이곳을 관리하여 향리들이 속이지 못하게 하여, 미 2백 석과 콩 150석을 얻었다. 나눠주고 거둬들이는 법을 만들어 원금을 두고 이자를 사용하게 하였다. 또 새로 개간하여 얻은 토지로부터 72석을 얻어 재원을 삼았다. 이를 제용재라 이름 붙였다. 이로 인해 백성들에 대한 횡렴이 없어졌다.

(寶林 齊賢之孫 有政事才 嘗知南原府 時賦急不及辦 民或破産 會徵逋稅 得布若干 啓按廉使 使嘉之 又出布佐之 寶林善決訟 奴婢訟官 受直布口一匹 總得布六百五十匹 擇鄉校三班各一人 使典之 支縣之急 戒府吏無他用 又以賓客絡繹 斂以委積 民甚苦 又啓按廉 得布糶米若干 舊有屯田 恣吏爲姦 寶林躬親其勞 吏不敢罔 得米二百石豆菽百五十石 立法散斂 存本用息 度新墾田 可收七十二石 以供委積 名曰濟用財 於是民無橫斂)

한편 『고려사』에는 위의 사실을 "이보림은 사람됨이 엄정하고 바르며 정사에 재주가 있었다. 일찍이 남원부사가 되어 제용재를 설치하여 각종 비용을 부담하는 데 지출하여, 백성들에 대한 횡렴이 없어졌다."(寶林爲人嚴毅方正 有政事才 嘗知南原府 新置濟用財 以支供費 民無橫斂)라고 간단하게 기록하고 있다. 『고려사절요』에는 이러한 사실조차 없다.

『동사강목』에서 이에 대해 풍부한 내용을 서술할 수 있었던 것은 다음의 사진자료 때문이다.

안정복은 이색의 문집 목은집에서 제용재에 관한 자료를 뽑아 이와 같이 정리했고, 이를 동사강목 본문에 그대로 인용하였다(〈부록 1〉, 184쪽).

안정복은 위의 자료를 『목은집(牧隱集)』에서 가려 뽑아 수택본에 위와 같이 정리하였다. 이 자료는 『신증동국여지승람』 권39 남원도호부 명환(名宦)조에도 실려 있다. 안정복은 말년에 충청도 목천(木川) 현감을 지낸 적이 있다. 수령으로서의 자신의 체험이 이러한 사실에 관심을 가진 계기가 되었을 것으로 판단된다. 이 때문에 『동사강목』은 이 부분에 대해 『고려사』보다 더 풍부한 역사를 서술할 수 있었던 것이다.

책을 마무리하며

　이 글을 마무리할 때가 되었다. 250년 전 순암 안정복 선생께서 남기신 역사 연구의 의미를 다시 한 번 되새기는 일로 마무리하는 것이 좋을 듯하다. 이 책의 5부에서 필자는 '가위와 풀'의 역사를 오해하거나 비하하는 듯한 학계의 풍조에 대해 언급한 바 있다. '가위와 풀'은 역사 연구의 가장 기본이 되는 도구이자 없어서는 안 될 존재이다. 순암 선생의 역사학을 추적하면서 필자는 선생이 우리들에게 던진 메시지의 하나도 이러한 문제가 아니었을까 하는 생각을 한다. '작은 사실 하나라도 결코 소홀하게 넘기지 말고, 의심이 있으면 사실 관계를 추적하여 바로잡아 역사를 바르게 서술하라.'는 메시지 말이다.

유교 역사학에 대해 가장 인색한 평가를 했던 일제시기 민족주의 역사가 단재 신채호 선생조차도,

'안정복은 평생을 오직 역사학 연구에 전념한 5백 년 이래 유일한 사학 전문가라 할 수 있다. … 연구의 정밀함은 선생을 뛰어넘을 사람이 없다. 지리의 잘못을 교정하고 사실의 모순을 바로잡는 데 가장 공이 많았다고 할 수 있다.' (『조선상고사(朝鮮上古史)』 총론에서)

라고 하였다. 신채호 선생은 조선왕조 최고의 역사가로 순암 선생을 평가한 근거를 지리를 고증하고 사실의 오류를 바로잡는 등의 정밀한 역사 연구 방법론에서 찾았다. 단재 선생의 평가대로라면, 순암 선생이야말로 현대의 역사가들이 경멸 비하했던 '가위와 풀'을 가장 성공적으로 활용했던 역사가였다. 그러나 지금 우리 학계는 '가위와 풀'의 사용법에 대해 여전히 오해를 하거나 홀대하는 경우가 적지 않다.

그중 하나는 가위와 풀을 열심히 사용한 흔적만 남겨도 훌륭한 역사 연구가 된다는 오해이다. 이러한 사람들을 곁에서 지켜보면 '역사 논문은 내가 열심히 공부했다는 흔적만 있으면 돼.'라고 외치는 광야의 선지자 같은 모습이 연상된다. 사실의 전후 관계를 파악하여, 역사를 재구성하는 데 필요한 자료를 자르고 정리하기 위한 도

구가 가위와 풀이다. 그러나 이런 용도보다는 '봉사 문고리 잡는 식'으로 필요한 사료라고 생각되는 부분을 대충 잘라 붙이는 식의 단순한 용도로 도구를 사용한다. 그리하여 독자들이 전혀 읽을 수 없는 새까만 한문 사료뭉치를 논문에 제시하고서, '~라고 했듯이', '~와 같이' 하고는 일방적으로 알듯 모를 듯한 자기 얘기만 늘어놓는다. 이 정도면 역사가로서의 책무는 충분하다고 자부한다. 그야말로 아는 사람만 아는, 암호를 주고받는 듯한, 독자는 안중에 없는 지적 오만의 극치이다. 이러한 연구자일수록 '실증' '실증'을 구두선(口頭禪)처럼 부르짖는 경우가 많다. 실증사학의 본질과는 멀어도 아주 먼 일로서, 이 정도면 가위와 풀을 마구잡이로 사용하여 독자와 사료를 거의 난도질하는 수준이라고 보면 옳을 것이다.

하나의 역사 자료에는 여러 사실이 복합적으로 얽혀 있다. 자신의 관심사에 따라 자료를 새롭게 분류하고 체계적으로 분석하여 역사적 진실과 의미를 밝혀내는 일이 실증사학의 백미이자, 역사학의 기본 덕목이자 도덕률이다. 순암 선생의 수택본은 그런 점에서 하나의 좋은 본보기가 된다. 이 정도는 되어야 '실증'의 훈장을 가슴에 자랑스럽게 달 수 있을 것이다.

가위와 풀에 대한 또 하나의 오해로, 논문의 논지 전개와 전혀 관련이 없는 저서와 자료를 마구잡이로 본문과 각주에 현란하게 달아 놓는 부지런함(?)을 떠는 경우를 들 수 있다. 논문에 주렁주렁 달린 불필요한 문헌 목록은 이런저런 인연으로 결혼식장에 들어와 눈도장을 찍으려 줄지어 선 하객의 모습을 연상시킨다. 이런 연구자들을 인사성이 밝은 연구자라 해야 할까. 이 가을의 주렁주렁한 박처럼 매달린 불필요한 참고문헌 목록을 보노라면 인사성이 너무 밝아 '동방예의지국'이라는 우리의 옛말이 허사가 아님을 실감한다. 제발 이것이 '가위와 풀'의 역사의 본질이 아님을 알아야 할 것이다.

또 한편으로는 가위와 풀의 역할을 깡그리 무시하는 일군의 역사 연구자들이 활개를 치고 있다. 가위와 풀을 잘못 사용한 연구자들에 대한 반동이라고 해야 할까? 논문이라고 쓰고는 있는데, 무엇을 근거로 하고 있는지 분명하게 제시하지 않고 마구잡이로 글을 쓴다. 선언문이라고 해야 좋을 듯하다. 간단하게 인용 자료의 이름만 적고 있을 뿐, 자료의 내용을 제대로 분석하고 그 위에서 논지를 이끌어 간 흔적은 찾아볼 수가 없다. 이같이 자료를 일방적으로 해석하여 자기의 주장만 늘어놓은 논문이 양산되고 있다. 그것을 요즈음에는 '담론'이라는 그럴듯한 언어로 포장하기도 한다.

요즈음 주요 역사 자료는 거의 전산화가 된 상태이다. 필자가 전공하는 중세사나, 자료가 적은 고대사는 더욱 그러하다. 그러다 보니 전산자료에 익숙하지 못한, 찬찬히 사료를 읽고 그 의미를 되새기고 반추하는 모습의 역사학자는 도태될 지경에 와 있다. 대형 프로젝트가 많아지면서 빨리 빨리 성과를 내야 한다는 조급증도 사료

읽기를 소홀하게 하는 데 일조하고 있다. 이러다 보니 검색과 색인 문화가 활개를 친다. 필요한 사료를 검색으로 뽑아내는 일이 일상화되어 있다. 이러니 사료에 나오는 여러 사실과 사실 사이의 관계를 밝히고 따지는 일은 뒷전으로 밀려나 있다. '손가락과 클릭'의 역사가 '종이와 풀'의 역사를 밀어내고 있다. '악화가 양화를 구축한다.'는 말은 여전히 진리이되, '안광(眼光)이 지배(紙背)를 철(徹)한다.'는 말은 정말 알기 어려운 고사성어로 파묻힐 날이 멀지 않았다. 머리를 싸매고 앉아 끙끙대며 자료를 읽는 연구자들이 많아질 날을 기대하는 것은 이제 희망에 불과할까? 하나의 작은 자료에서 새로운 사실을 읽기 위해 수많은 관련 자료를 읽고, 필요한 사실을 빼곡히 책의 여백에 적어 놓은 순암 선생의 수택본은 250년 전 역사가의 몫이고, 21세기 지식정보의 새로운 시대에 살고 있는 우리들에게는 단지 낡은 유물에 불과한 것일까?

이 책은 필자가 저술한 것이지만, 혼자만으로 정리할 수 없는 부분이 적지 않았다. 관련 연구자의 연구 성과를 참고해야 하는 일이 많았다. 그럼에도 이 책은 처음부터 하나의 대중 역사서로 꾸며지도록 기획되었기 때문에 일일이 각주를 달지 않았다. 특히 강세구 교수의 『동사강목연구』(민족문화사, 1994)와 『순암 안정복의 학문과 사상연구』(혜안, 1996)는 이 책을 집필하는 데 적지 않은 도움이 되었다.

이 기회에 감사의 뜻을 전한다. 그 외 순암 선생에 관한 연구 성과는 이 책의 끝에 부록으로 정리해 놓았다.

이 책을 펴내는 데 그 외에도 여러분의 도움이 있었다. 한신대학교의 안병우 교수와 안동대학교의 안병걸 교수는 이 책의 저술을 위해 귀한 시간을 마다하지 않고 필자의 종가 댁 방문에 유쾌하게 동행해 주었고, 여러 가지로 필자를 격려해 주었다. 수택본인 줄도 모르고 『고려사』라는 표지만 보고서 얼른 집어들어 선생의 방문을 두드린 제자 홍석화 군에게 감사의 뜻을 전한다. 이를 계기로 순암 선생과 필자의 인연이 시작된 셈이다. 홍 군도 졸업 이후 시간이 날 때마다 필자의 집과 연구실을 방문하면서 지금까지 인연을 맺어 오고 있다. 그 사이 홍 군은 어엿한 중견 역사교사가 되어 자기 이상의 몫을 해 주고 있다. 국사편찬위원회의 김현영 박사는 순암 선생의 나머지 수택본을 찾아내는 데 결정적인 도움을 주었다. 또 서울대 국사학과 이상찬 교수와 규장각 연구원 양진석 박사는 규장각에 소장된 수택본을 열람하는 데 여러 가지 편의와 도움을 주었다. 필자와 같은 학과에 몸담고 있는 지두환 교수는 필자가 입수한 수택본을 5년 전 손수 칼라와 흑백으로 정성스럽게 스캔 처리를 하여 보관해 주었다. 이 책에 사용된 수택본 사진자료는 당시 스캔 처리한 것이다. 그 사이 수택본은 많이 변색되어 당시와 같은 모습을 많이 잃어

버렸으니 더욱 고맙기 그지없다. 국민대 국사학과 홍영의 강사와 대학원생 전제현 군은 언제나 불평 없이 필자의 일을 성의껏 거들어 주었다. 출판사 고즈윈의 고세규 사장과 이은주 편집장은 이 책을 마치 자기 책을 내듯 정성스럽게 꾸며 주었다. 이 자리를 빌려 감사의 뜻을 전한다. 이렇게 적고 보니 박덕한 필자에게도 분에 넘치는 다정한 이웃이 많이 있다는 사실에 눈물겨울 정도로 감사하기만 하다.

2006년 초가을, 새로운 세계와 희망을 가르쳐주는 북한산 자락의 연구실에서
청헌(淸軒) 박종기(朴宗基)가 이 책을 마무리하면서 쓰다.

부록

1. 수택본 주기 내용 일람표
2. 수택본 영인본
3. 순암 안정복 관련 문헌 목록

1. 수택본 주기 내용 일람표

안정복이 수택본에 주기한 내용을 정리하면 다음의 표와 같다. 참고로 안정복이 『고려사』 본문 속에 주기한 경우를 문주(文註)로, 본문의 상단이나 측면의 여백에 주기한 경우를 두주(頭註)로 각각 표시하기로 하였다.

이 표에 따르면 권108(열전21)에 수록된 18명의 인물 가운데 12명에 대해 35건이 주기되어 있다. 권109(열전22)의 경우 수록된 인물 22명 가운데 17명에 대해 51건, 권110(열전23)은 14명 가운데 9명에 대해 35건이 각각 주기되어 있다. 따라서 수택본에는 수록된 인물 54명 가운데 38명에 대해 121건이 주기되어 있다.

• 표의 '주기(註記) 내용' 항목에서 문주(文註)의 경우는 괄호를 쳐 표시하였다. 그렇지 않은 부분은 『고려사』 본문의 내용이다. 두주(頭註)의 경우는 모두 안정복이 주기한 것이기 때문에 별다른 표시를 하지 않았다. '번호'는 해당 문주와 두주가 실려 있는 『고려사』 해당 권의 판심(版心) 번호를 표시한 것이다. 판심 번호를 중심으로 오른쪽은 가, 왼쪽은 나이다.

• '전거(典據)' 항목은 안정복이 내용을 주기하면서, 참고한 자료를 주기 내용에 표시한 경우를 정리한 것이다.

권108(열전21)

인명	형식	번호	개요	주기(註記) 내용	번역	전거(典據)
민종유 (閔宗儒)	두주 (頭註)	1가	가계 (家系) 관련	公珪 令謨子 公珪 子 康鈞 文科 侍郎 　　　 迪鈞 文 侍郎 　　　 仁鈞 文 左輔正 仁鈞 子 滉 高宗甲辰 文乙 　　　　　 科 第二等 　　　　　 吏部侍郎 　　　　　 崔璘 女壻	공규(公珪)는 영모(令謨)의 아들이다. 공규의 아들 강균(康鈞)은 문과에 급제하여 시랑이다. 적균(迪鈞)은 문과에 급제하여 시랑이다. 인균(仁鈞)은 문과에 급제하여 좌보정이다. 인균의 아들 황(滉)은 고종 갑진년 문과 을(乙) 제2등에 급제하여, 이부시랑이다. 최린(崔璘)의 여서(女壻)이다.	
	문주 (文註)	1가	부명 (父名), 출생년	閔宗儒(父 滉) 平章事令謨 玄孫也 年甫十一(高宗 乙巳生) 選爲王子始陽府學友	(민종유의) 아버지는 황(滉)이다. (민종유는) 고종 을사년 출생하였다.	
민적 (閔頔)	문주	2나	출생년	頔 字樂全(元宗庚午生)	(민적은) 원종 경오년 생이다.	
	두주	3가	증손 유(愉)에 관한 자료	通津寓居曰 閔愉 頔之曾孫 官至提學 封驪城君 恭愍王朝 與學士朱士雍 避辛旽之亂 卜築于通津童城縣 兩家相去十餘里 杖屨相從 日以詩酒自娛 嘗有詩云 秋來秋去興無窮 香稻肥魚處處同 皤腹瓦甁盛白酒 南村翁對北村翁	통진현 우거(寓居)조에 민유(閔愉)는 적(頔)의 증손이다. 관직은 제학에 이르렀고, 여성군에 봉해졌다. 공민왕 때 학사 주사옹(朱士雍)과 신돈의 난을 피해 통진(通津)의 동성현(童城縣)에 살았다. 두 집은 10여 리 떨어져 있어 서로 왕래하였다. 날마다 시주(詩酒)로 즐겼다. 일찍이 '秋來秋去興無窮 香稻肥魚處處同 皤腹瓦甁盛白酒 南村翁對北村翁' 이라는 시를 지었다.	『신증동국여지승람』(이하『승람』) 권10 통진현 우거조

	문주	3나	혼인관계	子思平愉卜渙渙自有傳(頔 金忻 女壻)	적(頔)은 김흔(金忻)의 여서(女壻)이다.	
민사평(閔思平)	두주	3나	묘지명 찬자, 민유(閔愉)의 등과(登科)	李達衷撰墓志 愉 忠惠辛未文科 見勝覽通津寓居	이달충(李達衷)이 찬(撰)한 (민사평의) 묘지명이 있다. (민)유는 충혜왕 신미년 문과에 합격했다. 『승람』의 통진현 우거조에 관련 사실이 실려 있다.	
	문주	3나	출생년	思平 字坦夫(忠烈乙未生)	충렬왕 을미년 출생하였다.	
	문주	3나	등과(登科)시기	忠肅朝(乙卯) 登第	(충숙왕) 을묘년 (과거에 급제했다.)	
	두주	4가	민유의 행적	墓志曰 雖有拂戾 不以爲言 終必△服 善交遊 嘗與崔拙齋友善 篤喜其文 出力刊行 其敦信樂善如此	묘지명에 이르기를, '비록 마음에 들지 않는 일이 있어도 말을 하지 않으며, 끝내 △服하였다. 사람들과 잘 사귀어 일찍 최졸재(崔拙齋)와 친하였다. 그의 문장을 좋아하여 (그의 글을) 간행하였다. 신의가 두텁고 선한 일을 즐기는 것이 이와 같았다.'라고 하였다.	
	문주	4가	혼인관계	(金倫女壻)	(민사평은) 김윤(金倫)의 여서(女壻)이다.	
민변(閔抃)	문주	4가	등과시기, 호(號)	抃 登第(忠惠 辛未) 忠惠時(號 栖閑堂) 累遷左司議大夫	(과거 급제는) 충혜왕 신미년이다. (민변의) 호는 서한당(栖閑堂)이다.	
민제(閔霽)	두주	4가	묘지명 찬자	卞季良撰墓志	변계량(卞季良)이 찬한 (민제의) 묘지명이 있다.	

	문주	4가	호	霽 字仲晦(號 漁隱)	(민제의) 호는 어은(漁隱)이다.	
	두주	5가	『승람』 수록 관계 자료 소개	勝覽載 溫仁淸簡好讀書 登第備歷淸要以知禮聞 累官至左政丞 驪興府院君 篤生我元敬王后 諡文度	『승람』에 따르면 성격이 인자하고 깨끗하며 독서를 좋아했다. 급제 후 청요(淸要)직을 거쳤으며, 예의를 잘 안다고 소문이 났다. 관직은 좌정승에 이르렀다. 여흥부원군이 되었다. 원경왕후(元敬王后)를 낳으셨다. 시호는 문도(文度)이다.	『승람』권7 여주목 인물조
김지숙 (金之淑)	문주	5가	출신지의 당시 지명	金之淑 化平府人(今 光州)	(화평부는) 지금의 광주이다.	
	문주	6나	익호 (謚號), 아들의 관직	恭愍卽位 追念侍從功 贈諡(敬烈公)錄子孫 子元命(左司) 續命 自有傳	(김지숙의) 시호는 경렬공(敬烈公)이다. (아들 원명의) 벼슬은 좌사(左司)이다.	
정선 (鄭僐)	두주	7가	아들의 관직과 혼인 관계	光祖 保勝別將 爲蔡洪哲壻 光繼 改緒 門下評理	(정선의 아들) 광조(光祖)는 보승별장으로 채홍철(蔡洪哲)의 사위이다. 광계(光繼)는 이름을 서(緒)로 고쳤고, 벼슬은 문하평리이다.	
	문주	7가	호	鄭僐(號 常軒)	(정선의) 호는 상헌(常軒)이다.	
이혼 (李混)	두주	7나	선조 도(棹)에 관한 사실	李棹 太祖南征 至錦江水漲 棹護渉有功 賜名棹 官至太師三重大匡 混 其七世孫	이도(李棹)는 태조가 남정(南征)할 때 금강의 물이 넘치자, 도와서 건너게 한 공으로 태조가 이름을 도(棹)라 지었다. 관직은 태사 삼중대광이며, 혼(混)은 그의 7세손이다.	『승람』 권18 전의현 인물조

부록 165

	두주	7나	혼의 행적과 개명(改名)에 관한 사실	忠烈初 李子芬尹文玉鄭玄繼同時爲政房闇赤(猶今承旨) 齊名相推致 後李改名混 尹改珤 鄭改瑎 珤璀之六世孫也 譜略	충렬왕 초 이자분, 윤문옥, 정현계는 같은 때에 정방의 도치(闇赤; 지금의 승지)가 되어, 서로 이름을 나란히 하게 되었다. 뒤에 이자분은 이름을 혼으로, 윤문옥은 이름을 보로, 정현계는 이름을 해로 각각 고쳤다. (윤)보는 윤관(尹瓘)의 6세손이다.	보략(譜略)
	문주	7나	호	李混(號 蒙庵)	(이혼의) 호는 몽암(蒙庵)이다.	
	두주	9나	형의 아들의 관력	李彦冲 混之兄子 登第 官至政堂文學	이언충(李彦冲)은 혼의 형의 아들이다. 과거에 급제하여 관직이 정당문학에 이르렀다.	『승람』권18 전의현 인물조
최성지 (崔誠之)	두주	10가	관계 자료 소개	又見勝覽	또한 『승람』에 (최성지에 관한 사실이) 보인다.	『승람』권33 전주부 인물조
	문주	10가	묘지명 찬자와 호	崔誠之(李齊賢 撰墓志 號 松坡)	(최성지의 호는) 송파(松坡)이며, 이제현(李齊賢)이 찬한 묘지명이 있다.	
	두주	10나	원에서의 행적 소개	從忠宣于元 頗與權漢功輩 用事	(최성지는) 원나라에서 충선왕을 시종했으며, 권한공(權漢功)의 무리들과 함께 권력을 행사하였다.	묘지명 인용
최문도 (崔文度)	문주	10나	묘지명 찬자와 호	子 文度(李齊賢 撰墓志, 號 春憲)	(최문도의 호는) 춘헌(春憲)이며, 이제현이 찬한 묘지명이 있다.	
	문주	11나	아들의 관직	子 思儉(典校署丞)	〔아들 사검(思儉)의 관직은〕 전교서승이다.	

채홍철 (蔡洪哲)	두주	11나	등과 시기	十八 以能文詞 中成均試 二 十二 登進士第	(채홍철은) 18세 때 문장에 능해 성균시에 합격했고, 22세 때 진사과에 급제했다.	묘지명 인용
	문주	11나	묘지명 찬자	蔡洪哲(李穀撰 墓志)	이곡이 찬한 (채홍철의) 묘지명이 있다.	
	문주	13가	열전의 사실에 대한 연 기(年紀) 표시	命洪哲及安珪掌試(忠肅後 五年)	〔채홍철과 안규(安珪)가 과거 시험관이 된 해는〕 충숙왕 후 5년이다.	
홍빈 (洪彬)	문주	18나	묘지명 찬자	洪彬(牧隱撰 墓志)	목은(牧隱) 이색(李穡)이 찬한 (홍빈의) 묘지명이 있다.	
	두주	18나 ~ 19가	조적 (曹頔)의 난과 관련된 행적	秋八月 政丞曹頔陰右瀋王 將廢忠惠王 以誅君側小人 爲名 率百官擁永安宮 忠肅 王公主之所居也 頔旣脅 百 官告其謀 公曰 若是則失 又甚矣 從其兄不道 有弟在 瀋王何與焉 拒之堅 頔疏王 罪 公竟止 使者不得行 忠惠 王驍勇善騎射 率精銳十數 人 突出潰圍 馳呼於道曰 逆 賊頔也 餘爲所脅耳 予旣知 之無恐 旣誅頔 則又呼曰 老 賊洪享矣 餘人安心焉 王雖 在圍中 知公守義 又知公沮 撓頔謀 甚德之	가을 8월 정승 조적이 심왕(瀋王)을 몰래 도와 충혜왕을 폐하려 했다. 왕의 측근 소인을 없앤다는 명분으로 백관을 이끌고 충숙왕의 공주가 기거한 영안궁을 포위했다. 조적이 백관을 협박하여 그 꾀를 말했다. 공(홍빈)은 '이같이 하시면 잃는 것이 너무 많습니다. 비록 형이 부도(不道)하면 동생이 있는데, 어찌 심왕이 이 일에 관여합니까?'라고 하면서, 완강하게 반대하였다. 조적이 왕의 죄를 낱낱이 말했으나, 공(홍빈)은 끝내 중지시켜, 뜻을 이룰 수 없었다. 충혜왕은 날래고 활을 잘 쏘았다. 정예 군사 십수 명을 데리고 포위를 뚫고 쳐들어가면서 길가에서 소리쳐	묘지명 인용

				말하기를 '역적은 조적이다. 나머지 사람들은 위협을 받았을 뿐이다.'라 하였다. 조적의 목이 베이자, 또 소리쳐 말하기를 '늙은 적이 죄를 지어 죽었다. 나머지 사람들은 안심하라.'고 하였다. 왕은 비록 포위 중에도 공(홍빈)이 의리를 지킨 사실을 알았다. 또한 조적의 음모를 저지한 사실을 알고, 그를 훌륭하게 여겼다.	
두주	19나	행적 보충	墓志曰 且曰凡所以事天子 行省實主之 左右司非其人 事或慢且失禮 責之何及	묘지명에 이르기를, (홍빈은) 또 말하기를 '무릇 천자를 섬기는 일은 행성에서 주관한다. 좌우사(左右司)의 관원이 바르지 않으면 일이 어그러져 실례(失禮)하게 된다. 그 책임이 어디에 미칠 것인가?'라고 하였다.	묘지명 인용
두주	20가	행적 보충	墓志又曰 錄功臣 若曰 洪彬 自始至今 甚忠於我 且見在 先王大臣 無如彬者 宜宅右揆 以輔予理 於是	또 묘지명에 이르기를, 공신에 책봉하면서 말하기를 '홍빈은 처음부터 지금까지 나에게 매우 충성했으며, 선왕(先王)의 대신으로 그만한 자가 없다. 마땅히 정승(재상)의 지위에 있으면서 나의 통치를 보좌하도록 하라.'고 하였다.	묘지명 인용
문주	20가	사망한 날의 연기(年紀) 표기	卒年六十六(癸巳 十二月)	(홍빈은 66세에 죽었는데) 계사년 12월이다.	

권109 (열전22)

인명	형식	번호	개요	주기(註記) 내용	번역	전거(典據)
박전지 (朴全之)	문주	1가	호	朴全之(號 杏山)	(박전지의) 호는 행산(杏山)이다.	
	문주	1가	옛이름, 출생년, 등과 시기, 아버지의 혼인 관계	朴全之 竹州人也(古名 宜之高宗 庚戌生) 父 暉(李藏用女壻 古名 儒(?)卿) 全之年未弱冠登第(元宗戊辰文科)	(박전지의) 옛 이름은 의지(宜之)이며, 고종 경술년 생이다. 〔아버지 휘(暉)는〕이장용(李藏用)의 여서(女壻)이며, 옛 이름은 유(?)경〔儒(?)卿〕이다. (박전지는 약관이 되기 전에 급제했다.) 원종 무진년 문과에 급제했다.	
	문주	2나	아들 원(遠)의 관력(官歷), 시호(諡號) 및 사망 연도	子遠 初名瑗 登第(忠肅朝) 仕至政堂文學(勝覽云 累官 右副代言) 有寵忠肅 久典政柄 性仁柔 頗有簠簋之誚 (本譜云 官政堂文學大提學 慶原君 忠惠 辛巳卒 諡文康)	(박전지의 아들 원이 과거에 급제했다.) 충숙왕 때이다. (벼슬이 정당문학에 이르렀다.) 『승람』에는 우부대언에 이르렀다 했다. 본보(本譜)에 따르면 관직이 정당문학대제학이며, 경원군에 봉해졌다. 충혜왕 신사년에 죽었으며, 시호는 문강(文康)이다.	『승람』 및 본보(本譜) 인용
오형 (吳詗)	문주	3가	호와 출생년	吳詗 初名漢卿 字月 海州人(號快庵) 元宗初(高宗 壬寅生) 中監試第一	(오형의) 호는 쾌암(快庵)이다. 고종 임인년 생이다.	
이전 (李瑱)	문주	3나	호	李瑱(號 東庵)	(이전의) 호는 동암(東庵)이다.	
	문주	5가	아들 지정(之正)의 관직	子 瑞 齊賢 之正(大護軍) 齊賢 自有傳	〔이전의 아들 지정(之正)의 관직은〕대호군이다.	

부록 169

인물						
	두주	5가	아들 관(琯)의 관력과 호, 손자 수득(壽得)과 증손 성림(成林)의 관력	琯 忠烈二十一年 以成均擢魁科 封駕洛君 號怡庵 琯子壽得密直 壽得子 成林門下右侍中 月城府院君	(이전의 아들) 관(琯)은 충렬왕 21년 성균시에 장원으로 급제했으며, 가락군에 봉해졌다. 호는 이암(怡庵)이다. 관의 아들 수득(壽得)은 관직이 밀직이다. 수득의 아들 성림(成林)은 문하우시중이며, 월성부원군이다.	
윤신걸 (尹莘傑)	문주	5가	묘지명 찬자	尹莘傑(崔瀣撰 墓誌)	최해(崔瀣)가 찬한 (윤신걸의) 묘지명이 있다.	
	두주	5나	행적 보충	自謝事後 閉門杜絶賓客 常塊然獨處 不問外事 如是十餘年而終	벼슬을 그만둔 후 손님을 끊고 두문불출하고 홀로 거처하면서 바깥일에 관여하지 않았다. 이같이 10여 년 지내다 죽었다.	묘지명 인용
	문주	5나	사망 연도 표기	封杞城君 卒年七十二(至元丁丑二月)	(윤신걸이) 죽은 해는 지원(至元) 정축년 2월이다.	
박효수 (朴孝修)	문주	5나	본관 표기	孝修(勝覽 竹州人) 素有淸操	(박효수는)『승람』에 죽주인(竹州人)이라 했다.	『승람』 인용
박충좌 (朴忠佐)	문주	7가	호	朴忠佐(號恥庵)	(박충좌의) 호는 치암(恥庵)이다.	
	두주	7나	행적 보충	忠佐曾遊昇平郡 與妓碧玉有情好 及爲按廉 聞碧玉已死 到康津縣九十浦 悵然賦詩云 九十浦頭潮欲生 碧松紅樹去年程 如今謾擁旌旗過 樓上無人望此行	충좌는 일찍이 승평군에 놀러갔다가 기생 벽옥(碧玉)과 정분이 있었다. 그가 안렴사가 되었을 때 벽옥이 죽었다는 소식을 듣고, 강진현(康津縣)의 구십포(九十浦)에 가서 다음과 같은 시를 지었다. '九十浦頭潮欲生 碧	『승람』 권17 강진현 산천조 구십포

					松紅樹去年程 如今謾擁旌旗過 樓上無人望此行'	
윤선좌 (尹宣佐)	두주	7나	묘지명 찬자	李穀撰 墓志	이곡(李穀)이 찬한 (윤선좌의) 묘지명이 있다.	
	문주	7나	등과 시기	忠烈朝 擢魁科(戊子 文壯元)	(윤선좌는) 무자년에 문과에 장원으로 급제했다.	
	문주	9가	사망 연도 표기	忠惠後四年(癸丑) 得微疾 呼子女	(충혜 후 4년) 계축년이다.	
	문주	9나	아들의 관력 표기	子棲粲(寺丞)	(윤선좌의 아들) 찬(粲)은 (관직이) 시승이다.	
이조년 (李兆年)	문주	9나	묘지명 찬자	李兆年(李齊賢撰墓志)	이제현이 찬한 (이조년의) 묘지명이 있다.	
	문주	9나	출생년, 아버지의 관력과 등과 시기	李兆年 字元老(己巳生) 京山府人 父長庚 本府吏(安逸戶長) 〈中略〉忠烈王二十年(乙丑) 以鄕貢進士登第	(이조년은) 기사년 생이다. (이조년의 아버지) 장경(長庚)은 (본부; 경산부의) 안일호장이다. (충렬왕 20년인) 을축년 (향공진사로 급제했다.)	
	두주	9나	형제의 관력	長庚子百年(文科 密直副使) 千年(文科 典客副令) 萬年(牽龍出身 郎將 兼中軍祗候) 兆年 億年(文科後出家)	〔장경의 아들 백년(百年)은〕문과에 급제하여 밀직부사이다. 〔천년(千年)은〕문과에 급제하여 전객부령이다. 〔만년(萬年)은〕 견룡 출신으로 낭장겸중군지후이다. 〔억년(億年)은〕 문과에 급제한 후 출가하여 승려가 되었다.	

부록 171

두주	9나	가계의 유래	本譜云 始祖純由 與弟敦由 仕新俱 己卯於麗初 廢新羅宰相 竟不順命者 分處州縣 爲吏 公之後 徙京山府爲吏役 至文烈公 始顯云	본보(本譜)에 따르면 시조인 순유(純由)는 동생인 돈유(敦由)와 함께 신라에서 재상이 되었다. 고려 초인 기묘년 신라 재상으로 고려에 불복한 사람들을 주현(州縣)에 보내 향리가 되게 하였다. 공(이조년)의 후손들은 경산부로 옮겨져 향리의 역을 부담했다. 문렬공(文烈公) 때에야 비로소 현달(顯達)하였다.	본보 인용
두주	12가	행적 보충	旣出 從者爲惡少所歐 以其言己事也 墓誌	(왕에게 말을 마치고) 나오자, 공(이조년)의 종자(從者)가 악소배에게 구타를 당하였다. 그들의 일을 (공이) 말했기 때문이다.	묘지명 인용
두주	12나	행적 보충	李齊賢曰 諸侯有諍臣五人 雖無道 不失其國 公之去也 若有骨鯁之士 繼而言之者 四五輩 岳陽之辱 其亦庶乎免矣 崔氏云云通說	이제현이 말했다. '제후에게 5명의 간쟁하는 신하가 있다면, 나라가 도가 없더라도 나라는 망하지 않는다. 공(이조년)이 떠난 후 계속 간언을 할 곧은 절개를 가진 신하 4, 5명만 있었더라도 왕은 악양에서의 치욕을 면할 수 있었을 것이다.' 최씨〔최부(崔溥)〕도 그렇게 말했다.	묘지명 인용
두주	12나	행적 보충	疾惡如讎 赴人急如水趨下	악을 미워하기를 원수같이 했으며, 다른 사람의 급한 일에 나아가기를 물이 아래로 흐르는 것 같이 하였다.	

	문주	12나	사망 연도	明年卒(癸未五月) 年七十五 諡文烈 爲人短小(兆年少壞志節△見上) 精悍	(이듬해 죽었다.) 계미년 5월이다. 조년은 어릴 적에 뜻과 절개를 품었는데, 위와(두주 12나) 같았다.	
	두주	13가	손자와 증손의 관력	仁敏 庚子生 國子進士 恭愍 庚子文科 門下評里 不任本朝 子稷 入我朝 開國功臣	(손자) 인민(仁敏)은 경자년 생으로 국자진사로서 공민왕 경자년 문과에 급제하여 관직이 문하평리였다. 조선시대 때 관리를 하지 않았다. 아들 직(稷)은 조선의 개국공신이다.	
	문주	13가	아들과 손자의 출생년, 혼인 관계, 자(字)와 익호(諡號)	子 褒(字 尙加) 官至檢校侍中(恭愍癸丑生 年八十一 諡敬元) (褒)子 仁復 仁任 仁美 仁立 仁達 仁敏(女壻 辛裔) 仁任 自有傳 仁美(文) 判書 仁立(文)同知密直司事 〈中略〉兆年姪 承慶(父 千年)	〔아들 포(褒)의〕자는 상가(尙加)이다. 공민왕 계축년 생으로 81세까지 살았으며, 시호는 경원(敬元)이다. (아들 인민의) 사위는 신예(辛裔)이다. 〔조년의 조카 승경(承慶)의〕 아버지는 천년(千年)이다.	
우탁 (禹倬)	문주	20나	호와 생년, 등과 시기	禹倬(號 州岩 至元丁卯生) 〈中略〉父天珪鄕貢進士 倬登科(忠烈 庚寅文科) 初調寧海司錄	(우탁의) 호는 주암(州岩)이며, 지원(至元) 정묘년 생이다. (우탁은) 충렬왕 경인년 문과에 급제하였다.	
	두주	21가	우탁의 상소 활동에 대한 순암(順庵)의 평	倬白衣持斧荷藁席 詣闕上疏敢諫 近臣展疏不敢讀(惜乎此疏之不傳 史氏之過也)	아깝도다. (우탁이 올린) 상소가 전해지지 않았으니. 역사가의 잘못이다.	
안축 (安軸)	문주	21나	호, 묘지명 찬자	安軸(李穀撰 墓誌 號 謹齋)	이곡(李穀)이 찬한 (안축의) 묘지명이 있다. 호는 근재(謹齋)이다.	

	문주	22가	사망 연도 표기	四年疾作 乞致仕 復封興寧君 卒年 六十二(丁亥 六月) 諡文貞	(안축이 죽은 해는) 정해년 6월이다.	
안종원 (安宗源)	두주	22나	묘지명 찬자	陽村撰碑名	양촌〔권근(權近)〕이 찬한 (안종원의) 비명(碑銘)이 있다.	
	문주	23가	출생년 과 입사 (入仕) 시기	宗源 字嗣淸(泰定乙丑生) 年十七 登第 忠穆時(丙戌) 選補史翰	(안종원은) 태정(泰定) 을축년생이다. (충목왕 때인) 병술년 (사한에 임명되었다.)	
	문주	23나	관직 제수 시기	以宗源不能供張 下巡軍 貶知淸風郡事 後爲典法摠郞(甲辰)〈中略〉及旽誅(辛亥) 起爲司憲侍史(壬子二月) 遷右司議大夫(癸丑) 辛禑卽位(甲寅) 與左司議柳珣	(전법총랑이 된 해는) 갑진년이다. (신돈이 죽은 해는) 신해년이다. (사헌시사가 된 해는) 임자년 2월이다. (우사의대부로 옮긴 해는) 계축년이다. (우왕이 즉위한 해는) 갑인년이다.	
	문주	24나	관직 제수 시기	歷成均大司成右常侍(乙卯) 進大司憲(丙辰春)〈中略〉改判崇敬府事(己未) 未幾 封興寧君 尋以門下評理(庚申)	(성균대사성우상시가 된 해는) 을묘년이다. (대사헌이 된 해는) 병진년 봄이다. (판승경부사가 된 해는) 기미년이다. (문하평리가 된 해는) 경신년이다.	
	두주	26가	행적 보충	甲戌 公年已七十二月 復奉使如上國 至連山站 遼東都司 稱朝旨 沮當移還 三月二十四日 以疾卒于第	갑술년 공(안종원)이 70세 되는 2월 다시 상국(上國)에 사신으로 갔다. 연산참(連山站)에 이르렀을 때 요동도사(遼東都司)가 조지(朝旨)라 하면서 가로막아 귀국하게 하였다. 3월 24일 병으로 집에서 죽었다.	『양촌집(陽村集)』 비명(碑銘) 인용

	문주	26가	관직 제수 시기, 사망 연도 표기	又拜政堂文學(丙寅) 崔瑩 誅權臣貪汚者(戊辰正月) 〈中略〉 恭讓朝(庚午)判三司事〈中略〉仕本朝(癸酉)判門下府事(興寧府院君)卒年七十(甲戌卒) 謚文簡	(정당문학이 된 해는) 병인년이다. 〔최영(崔瑩)이 권신(權臣)으로 탐오자(貪汚者)의 목을 벤 해는〕 무진년 정월이다. (판삼사사가 된 해는 공양왕) 경오년이다. 〔조선왕조 때 판문하부사(흥녕부원군)가 된 해는〕 계유년이다. (70세에 죽었다.) 갑술년에 죽었다.	
	문주	26나	묘 소재지 표기	子仲溫景良景恭景儉(宗源 墓在 臨津縣 瑞谷里)	안종원의 묘는 임진현 서곡리에 있다.	『승람』권22 장단도 호부 능묘조
	문주	26나	오자 수정	輔 字員之 年十九 登第 調 慶(廣)州司錄	(안보는 경주사록에 임명되었다.) 경(慶)은 광(廣)의 잘못이다.	
안보 (安輔)	두주	27가	문생과 행적 보충	李穡墓志曰 先生疾作歎曰 慈顏無恙 而李氏亡 伯氏亦亡 吾又如此奈何 卒年五十六 嘗曰 旣吾無子 門生卽吾子也 其門生 李寶林廉國寶李穀禹玄寶鄭習仁李元齡 得人之盛 當世稱之	이색(李穡)의 묘지명에 따르면, 선생은 병이 들자 탄식하며 말하기를, '어머니가 건강하신데 계씨(李氏)가 죽고 백씨(伯氏) 또한 죽었다. 나 또한 이러하니 어찌할 것인가?'라 하였다. 56세에 죽었다. 일찍이 말하기를, '나에게 아들이 없다. 문생이 아들이다.'라고 하였다. 그의 문생은 이보림(李寶林), 염국보(廉國寶), 이곡(李穀), 우현보(禹玄寶), 정습인(鄭習仁), 이원령(李元齡)이다. 훌륭한 사람을 얻었다고 당시 사람들이 칭송하였다.	묘지명 인용

	문주	27나	행적 보충	且不事生産 及歿家無擔石之儲 無子(嘗曰 吾無子 門生吾子也 其門生李寶林云)	(아들이 없다.) 일찍이 말하기를, '나에게 아들이 없다. 문생들이 나의 아들이다.'라고 하였다. 그의 문생은 이보림이다.	묘지명 인용
최해 (崔瀣)	문주	27나	묘지명 찬자, 호	崔瀣(李穀撰 墓誌, 號 拙翁 又 猊山)	이곡이 찬한 (최해의) 묘지명이 있다. 호는 졸옹(拙翁) 또는 예산(猊山)이다.	
	문주	28나	행적 보충	嘗過東萊縣 登海雲臺(東人詩話云 崔才奇志高 放蕩不群 嘗登海雲臺云)	『동인시화(東人詩話)』에 이르기를, '최해의 재주는 기이하고 뜻이 높으며, 기상이 크고 넓어 잡스럽지 않다. 일찍이 해운대에 올라…'라고 기록되어 있다.	『동인시화』 인용
이성 (李晟)	문주	31가	오자 수정	年五十九 拜左司(思)補	(나이 59세에 좌사보에 임명되었다.) 사(司)는 사(思)의 잘못이다.	
	문주	31나	묘지명 찬자, 호	趙廉(又見 陽村集, 號 中齋)	또 『양촌집(陽村集)』에 (조렴의) 사실이 보인다. 호는 중재(中齋)이다.	
조렴 (趙廉)	문주	31나	등과 시기	忠肅朝登第(乙卯) 又中元朝制科(天曆戊辰)	(충숙조 때 급제한 해는) 을묘년이다. (또 원나라 제과에 급제한 때는) 천력 무진년이다.	
	문주	32가	관직 제수 시기와 사망 연도	後拜左司議大夫(戊寅) 〈中略〉 忠惠後四年(癸未)卒 年五十六	(좌사의대부에 임명된 때는) 무인년이다. (죽은 해는) 계미년이다.	
왕백 (王伯)	문주	31나	호	王伯(號 愼齋)	(왕백의) 호는 신재(愼齋)이다.	

	문주	32나	등과와 관직 제수 시기, 사망 연도 표기	王伯 忠烈朝登第(辛丑) 忠肅時 以糾正 參銓注 尋爲左司補(戊寅)〈中略〉忠惠後二年(辛巳) 乞骸骨 歸老全州(文太山) 忠定二年(庚寅) 卒 年七十四	(충렬조에 급제한 해는) 신축년이다. (충숙왕 때 좌사보에 임명된 때는) 무인년이다. (충혜후 2년은 신사년이다. (전주에 귀향했다.) 전주의 문태산이다. (죽은 해는 충정 2년인) 경인년이다.
신군평 (申君平)	두주	33나	시조명 (始祖名) 과 아버지의 관력	申崇謙之十一世孫 父 仲明 文科 官至左代言	(신군평은) 신숭겸(申崇謙)의 11세 손이다. 아버지 중명(仲明)은 문과에 급제하여 관직이 좌대언에 이르렀다.
	문주	34가	아들과 손자의 관력과 행적	君平方直宿 辭以疾 後拜御史大夫(君平 子 珪參判 琿翰林 璲參議 瑀留守 琿 子 浩典理判書 不仕我朝 隱平山)	군평의 아들인 규(珪)는 참판, 혼(琿)은 한림, 수(璲)는 참의, 우(瑀)는 유수이다. 혼의 아들 호는 전리판서이며, 조선왕조에서 벼슬하지 않고 평산에 은거했다.

권110(열전23)

인명	형식	번호	개요	주기(註記) 내용	번역	전거(典據)
김태현 (金台鉉)	두주	3가	시조의 유래	金譜云 始祖興光 新羅敬順王第三子 國衰避至光山 隱於民伍 卜居于西一洞 光金始此	김보(金譜)에 따르면, 시조인 흥광(興光)은 신라 경순왕 제3자(第三子)이며, 나라가 쇠하자 광산의 민가에 피난하여, 서일동에 복거했다. 광산 김씨는 이로부터 시작했다.	김보 인용
	문주	3가	호	金台鉉(號 快軒)	(김태현의) 호는 쾌헌(快軒)이다.	
	문주	3가	원조(遠祖)와 아버지의 행적 보충	遠祖司空吉 佐太祖有功(以奇策佐太祖) 父須(周鼎之弟也 古名用之) 膽略過人 〈中略〉 出知靈光郡 從將軍高汝林 討三別抄 先登沒陳(贈 平章) 不還	〔원조인 사공길(司空吉)은 太祖를 도운 공이 있다.〕 기묘한 계책(奇策)으로 태조를 도왔다. 〔아버지인 수(須)는〕 주정(周鼎)의 동생이다. 옛 이름은 용지(用之)이다. 평장에 추증되었다.	
	두주	6가	행적과 열전 내용 보완	牧隱集 墓銘曰 嘗集國初以來文章 目曰海東文鑑 行于世 掌試成均知貢擧 所取士多聞人 竹溪安謹齋崔拙翁 尤其傑然者也	『목은집(牧隱集)』의 묘지명에 따르면, '일찍이 국초 이래 문장을 모아 제목을 해동문감이라 했고, 세상에 간행하였다. 성균시의 지공거가 되어 훌륭한 선비를 뽑았다고 알려졌다. 죽계(竹溪) 안근재(安謹齋)와 최졸옹(崔拙翁)이 뛰어난 인물이다.	묘지명 인용
	문주	6가	호와 익호	嘗手集東人詩文 號東國文鑑(及卒 謚文正 號 快軒) 子 光軾光轍光載	죽었을 때 시호는 문정(文正)이며, 호는 쾌헌(快軒)이다.	

	문주	6나	아들의 관력	王氏 以三子登科 食國廩歲 二十碩(光轍 贊成化平君文 敏公 光軾 文摠郎 光輅 文 科)	(아들) 광철(光轍)은 찬성(사)이며, 화평군 문민공이다. 광식(光軾)은 문(과)에 급제하여 총랑이다. 광로(光輅)는 문과에 급제했다.	
	두주	6나	묘지명 찬자	牧隱撰 墓誌	목은 이색이 찬한 (김광재의) 묘지명이 있다.	
	두주	6나	출생 연도	至元甲午 正月甲子生	지원 갑오년 정월 갑자일 생이다.	묘지명 인용
	두주	6나	행적 보충	辛巳秋 掌試 取成士達等九 十九人 時稱得士	신사년 가을 과거시험을 주관하여 성사달등 99인을 뽑았다. 당시에 훌륭한 선비를 얻었다고 칭찬했다.	
김광재 (金光載)	문주	6나	호	光載(號 松堂)	(김광재의) 호는 송당(松堂)이다.	
	문주	6나	등과 시기, 좌주명(座主名), 관직 제수 시기	忠宣朝登第(癸丑 一齋柳政 丞 爲座主) 補成均學官 從 忠惠王如元(庚午) 〈中略〉 曹頔作亂(己卯) 〈中略〉 王 復爵 東還 除軍簿摠郎(庚 辰七月) 參銓選 〈中略〉 忠 穆立拜右副代言(甲申)	(충선조 때 급제했다.) 계축년이다. 일재(一齋) 유정승(柳政丞)이 좌주였다. (충혜왕을 따라 원나라에 갔다.) 경오년이다. (조적의 난이 일어났다.) 기묘년이다. (군부총랑에 임명되었다.) 경진년 7월이다. (충목왕이 즉위하자 우부대언에 임명되었다.) 갑신년이다.	
	문주	7가	연기 표기	忠定卽位(己丑) 開書筵 以 光載爲師 固辭 〈中略〉 恭 愍立(辛卯 十月) 杜門不出	(충정왕이 즉위했다.) 기축년이다. (공민왕이 즉위했다.) 신묘년 10월이다.	

	두주	7나	행적 보충	及其琴祥 洪陽坡先生 與一時名卿 往勞苦之 公曰 吾年六十三 始居于玆 常懼一旦身先朝露 以爲宗族羞 獲至今日 考妣之德也 言畢泣下 諸公皆泣下嘆服 旣還 設飯位於堂北隅 每行事泣不止	상(喪)을 마치자 홍양파(洪陽坡) 선생이 당시의 명사들과 와서 위로를 하였다. 공(김광재)이 말하기를, '내 나이 63세에 처음 이곳에 거주하면서 이 몸이 아침의 이슬보다 먼저 없어져 친족들에게 부끄럽지 않을까 항상 두려워했습니다. 여기까지 온 것은 돌아가신 부모님의 덕입니다.' 하면서 말을 마치며 눈물을 흘렸다. 여러 사람들이 함께 눈물을 흘리면서 탄복하였다. 집에 돌아와서는 집 북쪽 모퉁이에 식사를 올려놓고 제를 올릴 때마다 눈물을 그치지 않았다.	묘지명 인용
	두주	7나	행적 보충	辛丑冬十一月避紅賊 至高昌縣 因留居之 癸卯春三月 感微恙 起居言語 無少變 十四日旣晩 謂夫人曰 吾今年七十死 復何恨 葬于德水先塋	신축년 겨울 10월 홍건적을 피해 고창현에 가서 머물렀다. 계묘년 봄 3월 병 기운을 느꼈으나 말과 기거하는 데 조금도 변함이 없었다. 14일 저녁 부인에게 말하기를, '내 나이 70세에 죽으니 어찌 한이 있겠소?' 라 하였다. 덕수현 선영에 장사지냈다.	묘지명 인용
김륜 (金倫)	두주	8가	출생 연도 보충	至元丁丑六月二十九日 丁亥生	지원 정축년 6월 29일 정해일 출생했다.	
	문주	8나	묘지명 찬자, 호	金倫(李齊賢撰 墓志, 號 竹軒又戇村)	이제현이 찬한 (김륜의) 묘지명이 있다. 호는 죽헌(竹軒) 또는 당촌(戇村)이다.	

왕후(王煦)	문주	13나	묘지명 찬자	王煦(李仁復撰 墓志)	이인복(李仁復)이 찬한 (왕후의) 묘지명이 있다.	
왕중귀(王重貴)	문주	18나	아들의 관력과 행적	子 肅 嚴 道(嚴 初姓名 王元富 本朝復姓 改名 字愼夫 丙午 子 不仕我朝 辛卯 還 長湍百木谷墓下 百歲卒 葬此也 肅 太祖甲戌 使復本姓 官恭安府尹 道官司正)	(중귀의 아들) 엄(嚴)은 처음 성명은 왕원부(王元富)이다. 조선왕조 때 원래 성씨(權)를 회복했다. 자(字)는 신부(愼夫)이다. 병오년 아들은 조선조에 벼슬하지 않았다. 신묘년 장단의 백목곡 묘 아래로 귀향하여 백 세에 죽었다. 이곳에 장례를 치렀다. (중귀의 아들) 숙(肅)은 태조 갑술년 원래의 성씨를 회복하고 관직은 공안부윤이었다. (중귀의 아들) 도(道)는 관직이 사정이다.	
한종유(韓宗愈)	두주	18나	묘지명 찬자	李仁復撰 墓志	이인복이 찬한 (한종유의) 묘지명이 있다.	
	두주	18나	행적 보충	公少時 放蕩不覊 結徒與十人 每於巫覡歌舞處 却掠醉飽 拍手歌楊花詞 時人謂之楊花徒 公嘗漆兩手 乘夜偸入人家殯室 婦人來哭曰 君乎君乎 何處去 公以黑手出帳 細聲答曰 我在此 婦人皆驚走 公盡取床果而還 其狂類此 及爲相 功業彪炳 晚年退老鄕曲 居楮子島別墅也 嘗作詩云 十里平湖細雨過 一聲長笛隔蘆花 却將殷鼎調羹手 遂把漁竿下晚沙 又云烏紗短褐下池塘 柳崖微風竿面凉 緩步歸來山月上 杖頭猶襲藕花香	공은 젊었을 때 방탕하여 얽매임이 없었다. 10명과 무리를 지어 무격들이 가무하는 곳에 가서 음식을 빼앗아 배부르게 취하였으며, 박수를 치며 양화사(楊花詞)라는 노래를 불렀다. 당시 사람들은 그들을 양화도(楊花徒)라 했다. 공은 일찍이 두 손에 검은 칠을 바른 후 밤을 틈타 인가의 빈소에 들어갔다. 부인이 와서 곡을 하기를, '그대여 그대여 어디로 가셨습니까' 하였다. 공은 검은 손을 휘장 밖으로 내밀며, 작은 소리로 '내가 여기에 있다.'고 하자 부인이 놀라 달아났다. 공은 제상	백씨세보(百氏世譜)

				(祭床)의 과일을 모두 가지고 왔다. 공의 미치광스러운 행동이 이와 같았다. 재상이 되어 공업이 뛰어났다. 만년에 저자도의 별장에서 지냈다. 일찍이 다음의 시를 지었다. '十里平湖細雨過 一聲長笛隔蘆花 却將殷鼎調羹手 遂把漁竿下晚沙' 또 다음의 시를 지었다. '烏紗短褐下池塘 柳崖微風竿面凉 緩步歸來山月上 杖頭猶襲藕花香'	
문주	18나	호	韓宗愈(號 復齋)	(한종유의) 호는 복재(復齋)이다.	
문주	18나	아버지의 출생 연도와 등과 시기	韓宗愈 字師古 漢陽人 父英(丁亥生) 密直致仕 忠烈三十年(甲辰) 年十八 擢第入史翰	〔한종유의 아버지 영(英)은〕 정해년 생이다. (충렬왕 30년) 갑진년이다.	
문주	20가	사망 연도 표기	(恭愍王)三年(甲午六月 在京)得疾 謂子堉曰	공민왕 (3년) 갑오년 6월 개경에 있었다.	
두주	20나	양화사(楊花辭), 행적과 시호 보충	僿說曰 如晦者風雨也 楊花本 待風雨散 不意淸風吹到望外之地云爾 是時麗運將訖 始意不在仕官(*原文官達) 故暗用鷄鳴之詩 其人不以貴仕爲貪戀 故事君以直道 不以罪黜爲懼 諡曰文節 不亦宜乎	(성호)사설에 이르기를, '어두운 것으로는 바람과 비이다. 양화(楊花)는 원래 비바람이 불 때를 기다려 흩어진다. 뜻하지 않은 맑은 바람이 불어 멀리 보이지 않는 곳으로 도달하려 했을 뿐이다.'라 하였다. 이때 고려왕조의 운수가 장차 다하게 될 것을 알고 벼슬에 뜻을 두지 않으면서, 은근히 계명지시(鷄鳴之詩)라는 시로써 그 사람이 높	『성호사설』(권25 경사문 양화도) 인용

					은 벼슬을 탐하지 않으려는 뜻을 몰래 드러내었다. 그 까닭에 바른 도로써 임금을 섬기고 쫓겨나는 것을 두려워하지 않았던 것이다. 시호를 문절(文節)이라 했으니, 또한 마땅하지 않은가?	
	문주	20가	장지(葬地)와 혼인관계	卒年六十八 諡文節(八月 葬大德山 禪寂寺南原)〈中略〉子伯淳 仲明 季祥(配李文寶瑱子 駕洛君琯之女)	팔월 대덕산 선적사 남원에 장사를 지냈다. 〔아들 계상(季祥)의〕 처는 문보(文寶) 이전(李瑱)의 아들인 가락군(駕洛君) 관(琯)의 딸이다.	보략 인용
	두주	21가	묘지명 찬자	牧隱撰 墓志	목은 이색이 찬한 (이제현의) 묘지명이 있다.	
	문주	21가	본관과 호, 출생 연도	李齊賢(慶州人 號 益齋) 字 仲思 初名 之公(丁亥生)	(이제현은) 경주 사람으로 호는 익재(益齋)이다. 정해년 생이다.	
이제현 (李齊賢)	두주	21가	출생 연도	墓志曰 丁亥 十二月 庚辰生	묘지명에 따르면, 정해년 십이월 경진일 생이다.	묘지명 인용
	두주	40나	행적 보충	自少嶷然 已有作者氣 久從忠宣于元 與中朝文士講磨 所造益深	젊은 시절부터 빼어났으며, 글을 잘 짓는 기질이 있었다. 오랫동안 원나라에서 충선왕을 모셨으며, 당시 중원의 문사들과 함께 학문을 갈고 닦아, 조예가 더욱 깊었다.	묘지명 인용
	문주	40나	열전의 내용 보완	天資厚重輔以學問 其發於議論 措諸事業者 俱有(燁然)可觀	(여러 일들을 처리함이) 빛나서 (볼 만한 것이 있었다.)	

	두주	41나	말년 행적, 사망 연도, 시호와 저술	辛旽必欲中傷 以其老 不得 加害 及卒 年八十一 諡文忠 著述亂藁	신돈이 반드시 중상모략을 하려고 하나 늙었기 때문에 해칠 수 없었다. 81세에 죽었다. 시호는 문충(文忠)이며, (익재)난고를 저술했다.	
	문주	41나	자호와 아들의 관력	及爲宰相 人無貴賤 皆稱益齋(自號 益齋) 〈中略〉 三子 瑞種(宗簿副令) 達尊 彰路(開城尹)	스스로 익재라 불렸다. 〔아들 서종(瑞種)의 벼슬은〕 종부부령, 〔창로(彰路)의 벼슬은〕 개성 윤이다.	
이달존 (李達尊)	문주	42가	호, 출생 연도, 등과 시기와 아들의 관력	達尊(號 雲寓) 字天覺(癸丑生) 〈中略〉 忠肅朝(年十八) 登第 〈中略〉 卒年二十八 子 德林(知驪興郡事) 壽林(學林少府尹)	(이달존의) 호는 운우(雲寓)이다. 계축년 생이다. (충숙왕 때인) 18세에 (과거에 합격했다.) 〔이달존의 아들 덕림(德林)의 관직은〕 지여흥군사(知驪興郡事)이다. 〔수림(壽林) 즉 학림(學林)의 관직은〕 소부윤이다.	
	두주	42가	행적 보충	恭愍八年 己亥 春 寶林以諫官 出爲南原府使 見東文選 七十二卷 牧隱記	공민왕 8년 봄 보림은 간관으로 남원부사가 되었다. 이에 관한 사실은 『동문선』권72에 실려 있다.	『동문선』 인용
이보림 (李寶林)	두주	42나	제용재 (濟用財) 설치 내용	寶林 忠惠朝 知南原府使 時 賦急 不及辦 稱貸而益之由 是民或破産 寶林曰 虐民有尙此哉 會徵逋稅得布若干 啓按廉使 使嘉之又出布佐 之奴婢訟官 受直者入布口 一匹 寶林善決斷 所入尤多 總得布六百五十匹 擇鄉校 三班各一人 使典之 支縣之急 戒府吏無敢他用 又以賓	(이)보림은 충혜왕 때 남원부사를 지냈다. 그때 급한 부세를 조달하지 못해 빚을 내어 보태어서, 파산하는 백성이 간혹 있었다. 보림은 말하기를, '이렇게 백성을 학대하는구나.'라고 하였다. 마침 세금을 포탈한 것을 징수한 포가 얼마 있어, 안렴사에게 보고하자 안렴사가 허락하여 그 포를 내어 도와주	

客絡繹 斂以委積 民甚苦 又啓按斂 得布糶米若干 舊有屯田 恣吏爲奸 以寶林躬親其勞 吏不敢罔 總得米爲石二百 豆菽百五十 立法散斂存本用息 度新墾田 可收七十二石者 以供委積 至於什用 理興 名曰 濟用財 於是民無橫斂 支縣守常賦 利興無袪	었다. 노비 재판에 노비 한 명당 포 1필을 거두었는데, 보림은 재판을 잘하여 수입이 더욱 늘어 모두 650필을 거두었다. 향교의 삼반에서 한 사람씩 뽑아서 이를 관리하게 하였으며, 속현의 급한 비용 외에는 남원부의 향리들이 다른 용도로 사용하지 못하게 하였다. 또한 손님들이 줄을 이어 남원을 방문하면서, 추렴하는 비용이 많아지면서 백성들이 고통스럽게 생각하였다. 다시 안렴사에게 보고하여 포와 쌀 얼마를 얻었다. 예전에 둔전에서 못된 향리들이 농간을 부렸다. 보림은 직접 이곳을 관리하여 향리들이 속이지 못하게 하여, 미 2백 석과 콩 150석을 얻었다. 나눠주고 거둬들이는 법을 만들어 원금을 두고 이자를 사용하게 하였다. 또 새로 개간하여 얻은 토지로부터 72석을 얻어 재원을 삼았다. 이를 제용재라 이름 붙였다. 이로 인해 백성들에 대한 횡렴이 없어지고, 지현(支縣)의 부세가 일정하게 되어, 이익이 일어나고 폐단이 제거되었다.	『승람』 권39 남원 도호부 명환조

2. 수택본 영인본

• 여기에 실린 수택본 영인본 자료는 〈부록 1. 수택본 주기 내용 일람표〉의 권108 부분(163~168쪽)이다. 〈부록 1〉에는 탈초(脫草; 초서를 정자로 바꿈)한 원문과 번역문이 실려 있으므로 이 영인본 자료와 서로 비교하며 읽는 것도 재미있을 것이다.

• 수택본 권109, 110 부분은 지면 관계상 생략하였다. 다음의 사이트를 방문하면 수택본 권108~110 전문을 볼 수 있다.

http://blog.naver.com/gwnreference (포토로그)

겉표지

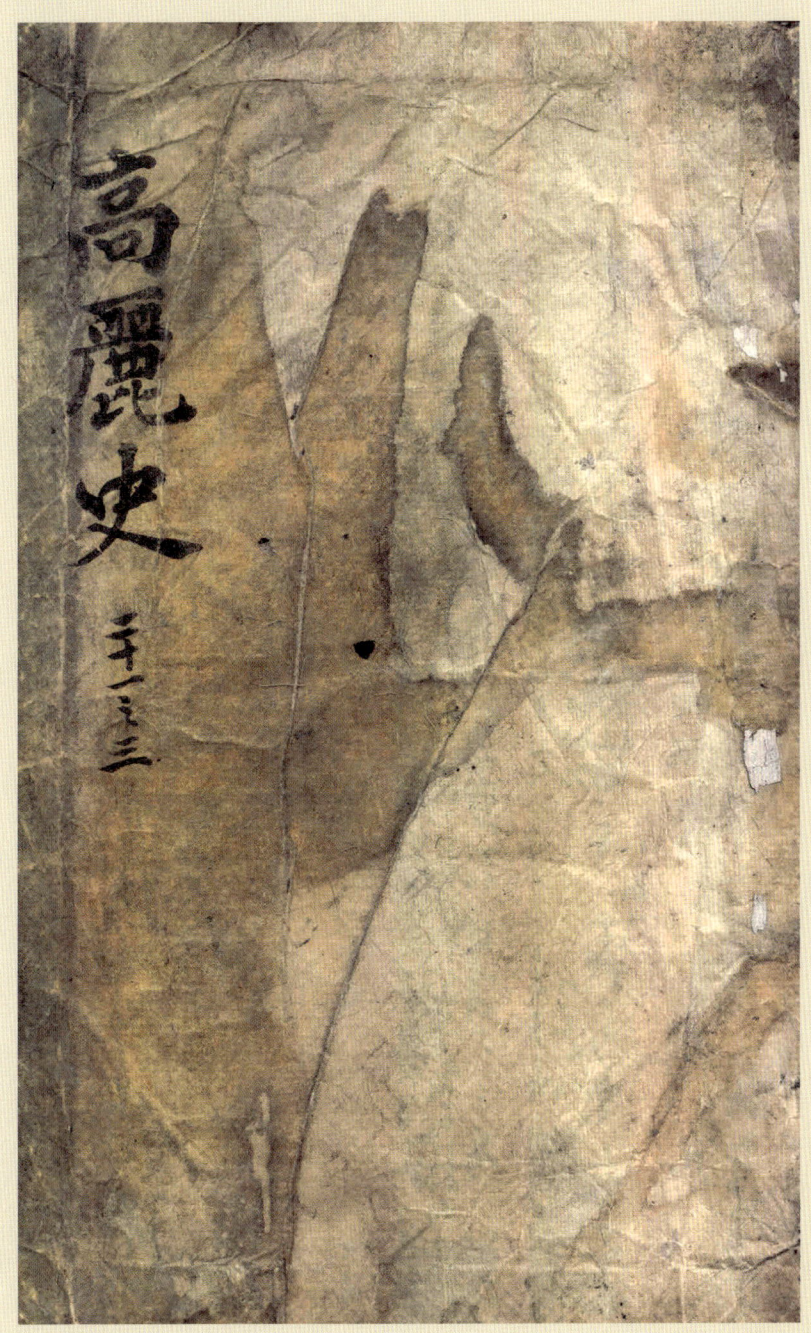

겉표지 안쪽

안표지

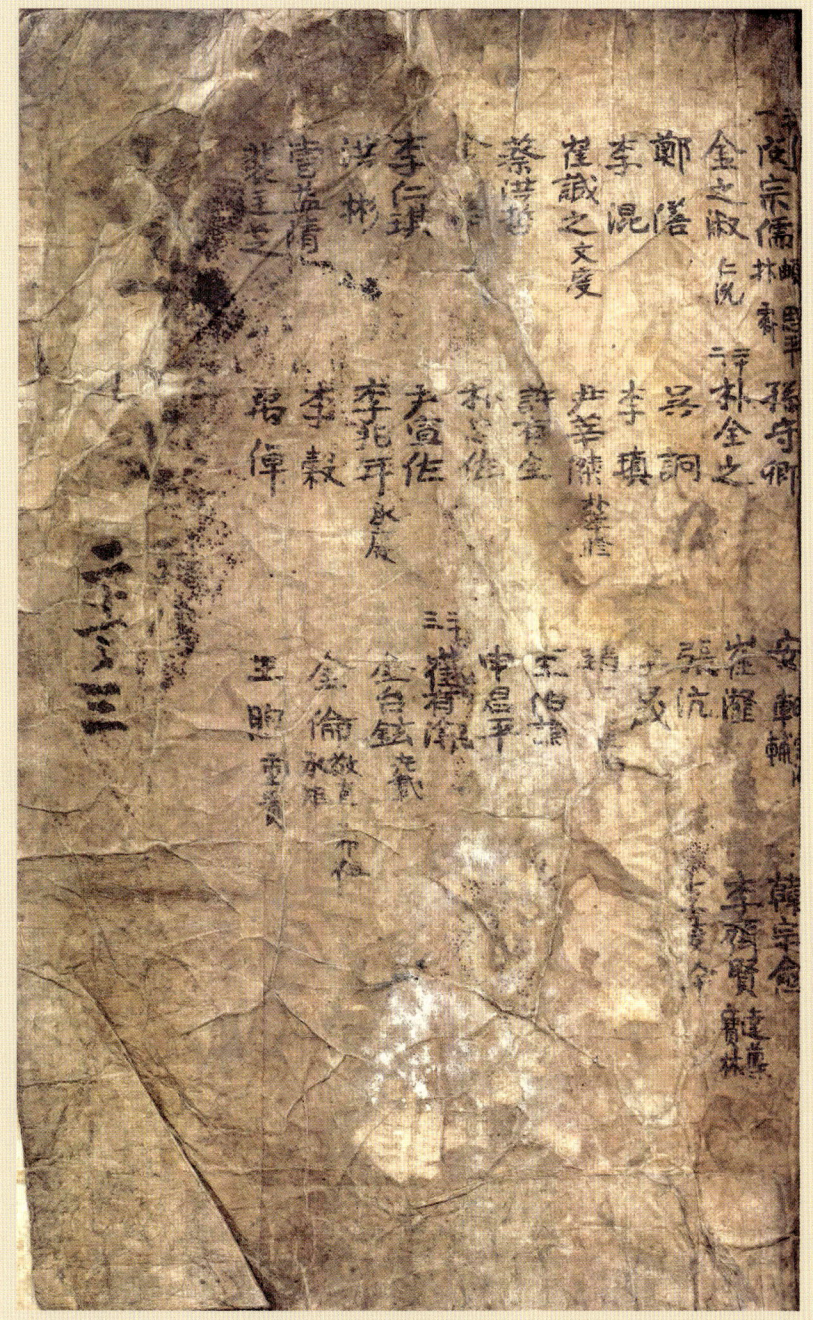

안표지 안쪽

列傳卷第二十一

高麗史一百八

閔宗儒 朴形

閔宗儒平章事令謨玄孫也年甫十一選為
王子始陽府學友十九調清道監務郡多大
姓號難治宗儒不受請謁繩之以法以最聞
槊滿補都兵馬錄事俞千遇時為都兵馬
見而奇之妻以女未幾籍內侍

頓字樂全生而姿相不凡外王父俞千遇
而奇之曰兒他日必貴姨夫故相金頵聞其
言養于家國俗幼必從僧習句讀有面首者
僧俗皆奉之號曰仙郎郎聚徒或至千百其風
起自新羅頓十歲出就僧舍學性敏悟受書
旋通其義眉宇如畫風儀秀雅見者皆愛之
忠烈聞之召見宮中目為國仙登第補東宮
僚屬累轉僉議注書改秘書郎遷軍簿正郎
賜銀緋以版圖正郎兼世子宮門郎賜金紫

忠宣受禪除秘書少尹忠烈復位隨例免從
忠宣在燕邸凡四年後爲羅州牧使及忠宣
襲位召爲典儀副令改選部議郎知製教陞
密直承旨兼司憲執義尋以平壤尹罷閒居
又四年賜俸祿如舊忠肅即位授選部典書
寶文閣提學明年拜密直副使又爲大司憲
如元賀正時忠宣在都以頗舊僚待遇無比
後封驪興君忠惠授密直司事進賢館大提
學知春秋館事忠肅後四年卒年六十一諡

文順居第置園林每花時召客置酒賦詩
爲樂好賢愛士待孤寒晚進尤致情禮子愚
愉扴澳澳自有傳
平平字坦夫少有器局政丞金倫號知人以
女妻之學日進試補散員別將不樂武資讀
書益力忠肅朝登第調藝文春秋修撰歷藝
文應教成均大司成監察大夫封驪興君嘗
從忠定朝于元及即位以勞拜僉議祭理賜
輸誠秉義協贊功臣號進贊成事商議會議

都監事恭愍八年卒年六十五諡文溫性溫
雅睦親姻善交遊居官處事不爲崖異常以
詩書自娛所著及卷集行于世　金倫菁
州登第忠惠時累遷左司議大夫忠定初拜
密直代言恭愍朝封驪興君辛禑三年卒爲
人嚴正無私一循繩矩子霽亮開
霽字仲晦性溫仁清簡不喜華侈好讀書一
覽輒記長於史學恭愍朝年十九登第補國
子直學選爲春秋檢閱稍遷典理正郎知典

當衆罷之王曰不貫異物實是爽德予亦衣
縣布若佛事先王所爲予何敢擅罷復拜開
城尹出爲漢陽府尹自此以後入
本朝

金之淑 仁流

金之淑化平府人父鍊美風儀習容止筮事
無斷而人稱爲長者官至叅知政事之淑元
宗朝爲將軍三別抄之亂陷賊中無計得脫
自投海隨波出沒賊以小艇追及取之至玉

囚巡軍後拜知申事尋除密直副使又加
成事王懿與征東省貟外韓帖木兒不花前
郞將盧英瑞等如元請忠惠襲位及元因忠
惠于刑部乃與金倫等繫于獄忠惠還國錄
功爲一等封光山君忠穆爲元子在元以師
傅朴仁幹卒手書招仁沇及府院君金永旽
咸陽君朴忠佐等入侍寧摳不許故未赴焉
懸即位追念侍從功贈謚錄子孫子元命續
嗣自有傳

新 鄭僐

鄭僐字去非初名賢佐草溪人弘文公倍傑七世孫也元宗末擢魁科調全州司錄忠烈朝累遷吏兵二部摠郞歷宰三州皆有聲績後爲右常侍知內旨王以僐正直命管齋醮都監忠宣時以僉議評理致仕屛浮華日以閱釋典持戒爲事卒年七十五子光緒光度光祖子珝珝字孟淳官至判開城封八川君爲人精曉音律且以知禮聞後進皆以

學焉諡良獻

李混 字家庵

李混字去華一字太初全義縣人元宗朝年十七登第調廣州叅軍入補國學學正忠烈時累歷僉議舍人右副承旨陞副知密直司事文翰學士承旨加同知司事王嘗欲籍耽羅民戶隷內庫混極言不可王不悅時近幸多奏使擾民都堂言西北界人性暴悍不可以內旨擾之自今宜下都評議司司牒都指

嘗與鄭瑎尹珤在政房相推致一日語曰吾
輩交歡久盍相告以過混謂琨曰人謂君巧
又謂琨曰人謂君好自尊宜改之瑎乃謂混
曰人謂君不廉然乎混父典銓選性且不廉
故其家富務疏散喜賓客好琴碁置別業于
城南號曰楓山莊數往來卒年六十一謚文
莊詩文清便長短句若干篇行於世嘗聚寧
海得海浮查制寫舞鼓至今傳于樂府子異
少穎悟登第仕至成均樂正先卒無子

北原申没之允于令升官至政堂大夫

崔誠之 文虔

崔誠之字純夫凡五易名阜璋琇實誠之平章事甫淳四世孫也父昢一官至贊成事誠之未弱冠登第管記雜林入補史翰選爲春宮屬從忠宣如元執政畏惡忠宣百計誘之使去誠之笑曰窮達在天怵於利非士也忠宣定內亂擁立武宗誠之居左右多所贊襄拜知監察司事奉策命還國忠烈喜賜衣一襲銀三斤及忠烈薨忠宣自元奔喪率百官

○忠宣王元年
五柳漢功軍用
事

肆即位儀賜誠之輕帶常與權漢功等召見
無時及葬慶陵誠之時爲執義舊例中丞署
名封玄宮俗傳封陵者不吉是日執義李彥
冲辭王命誠之押封且目前程不在我乎驟
遷同知密直司事大司憲轉僉議評理進贊
成事賜推誠亮節功臣號封光陽君忠肅七
年元流忠宣于吐蕃撒思結之地去京師萬
五千里時誠之從忠宣在元逃匿不見唯直
寶文閣朴仁幹大護軍張元祉等十八人從

文簡官庀葬事性剛直不安語書法楷正詩
醞籍可喜尤邃陰陽推步法忠宣留元見太
史院精曆數賜誠之內幣金百斤求師受業
盡得授時曆術東還傳其學至今遵用之
子文度字義民以世家子宿衛元朝樂觀濂
洛性理之書事親孝性溫良人未嘗見其卒
怒而邊喜官至僉議參理謚良敬子思儉

李毅博金 蔡洪拓

蔡洪拓字無悶平康縣人忠烈朝登第補廡

在燕邸多所須用有旨徵錢府藏虛竭不能
支用不歛何爲改封順天君進三重大匡賜
純誠輔翊贊化功臣號命洪拓及安珪掌試
梁載者王之嬖幸也操弄政柄士大夫多出
其門載以李潤屬洪拓曰走馬看錦恐迷日
五色浣拓果取之王賜洪拓苧布五十匹珪
玉幣五綜布六百匹忠惠後元年卒年七十
九爲人精巧於文章技藝皆盡其能尤好釋
敎嘗於第北構栴檀園常養禪僧又施藥國

牧隱撰 洪彬

洪彬字文野南陽人其先世居燕彬宿衛内
庭積其勞以長官薦授大都路霸州同知歷
松江府判官都水監經歷大常禮儀院經歷
忠肅被讒留元彬爲王出死力訟其屈而别
白之及王復位東還彬從之王念彬功將留
之奏授征東省理問阿官拜都僉議贊成事
判軍簿事忠肅薨遣命彬權征東省事時曹
頔作亂率彬及省官等讓忠惠宮頔敗死餘

金書曰秋八月汝嘗頔從者
當王閉府忠惠王誅頔爲
大惡名幸有唐撼永安
宮忠肅王公臣之而屍世
頔次脅百官告其誣公曰若是則失之天是失後甚况不過有弃在濟王何与焉拒之王頔端王罪公竟此使君不得行忠惠王甑勞嘉
騎射率楊從十数人突出濟圍到中之追曰廷誠頔世餘為所為曹子也然之無恙次頔則又呼卒老職伏辜實餘人安心爲王

鉅在闕中知公守義又知公退境俚差隨之

黨皆繫延軍獨宥彬及省官元聽頓黨訴遣
使執忠惠及彬等以歸囚王于刑部又械彬
等于獄使中書省摳密院御史臺宗正府翰
林院雜訊之忠惠不能自明事始矣彬曰頓
王之奴奴而欲戕其主王法所不赦王罪當
從末減彬以先王遺命權行省事事于邦憲
者彬實當之王不當坐辭氣慷慨人皆爲彬
危之彬曰吾王之子吾不直之何以見先王
地下守王復位策勳爲一等封唐城君開府

偽奏彬爲行省郎中王被執如元彬與德城
君奇轍權征東省與轍蔡河中等封內帑初
代言印瑢自元將封內帑急馳騎來駙至
斃彬謂瑢曰君之來國人皆謂復正三韓今
但封府庫耶奮袂而出自後托疾不肯視事
忠穆嗣位有許政者中原人也誣彬以爲印
瑢奉王命來彬擧手怫然曰皇帝使八歲童
證國國之安危可知因辭去二日不朝引蔡
河中爲證事聞中書省遣人來鞫之二人言

金奏曰昌尙幼凡事大
行省宰主之左右司非其
人事武慢且失礼責之
何及

金又曰保功臣若罷
彬自始至今甚怒我
且見在先王大臣但如
彬者宜官右揆以輔
于延 於是

卒諡悟反抵罪彬曰吾不可久於此遂如元
爲興國路摠管後還國恭愍即位拜右政丞
賜推誠翊戴同德協義輔理功臣號封唐城
府院君與洪彥博李公遂提調政房頃之辭
職王遣內人起之彬杜門不出寧樞會其家
請之乃出尋又辭卒年六十六諡康敬子壽
山仕至通禮門副使
　曹益清
曹益清昌寧人忠肅朝爲中郎將忠惠襲位

3. 순암 안정복 관련 문헌 목록

- 저서를 발간한 저자의 개별 논문은 저서에 대부분 소화되어 있다고 판단되어, 논문 목록에서 일일이 소개하지 않았다.
- 제출용 보고서는 논문 목록에서 제외하였다.
- 석사학위 논문은 논문 목록에서 제외하였다.

저서
심우준, 1985 『순암 안정복 연구』 일지사
강세구, 1994 『동사강목연구』 민족문화사
　　　　 1996 『순암 안정복의 학문과 사상연구』 혜안
김시업 편저, 1997 『순암 안정복』 廣州문화원

논문
황원구, 1965 「안정복—한국사의 새 발견」 『한국의 인간상』 4권 서울, 신구문화사
이우성, 1966 「이조후기 근기학파에 있어서 정통론의 전개」 『역사학보』 31
　　　　 1969 「동사강목해제」 『동사강목』 경인문화사 ; 「동사강목」 『한국고전백선』 동아일보

이원순, 1970 「안정복의 천학논고」 『이해남박사 화갑기념논총』 서울
이구용, 1972 「순암 안정복의 생애와 사상」 『강원대학논문집』 6
변원림, 1973 「안정복의 역사인식」 『사총』 17, 18 합집, 고려대학교 사학회
이만열, 1974 「17, 18세기의 사서와 고대사 인식」 『한국사연구』 10
최동희, 1976 「신후담 안정복의 서학비판에 관한 연구」 고려대 박사학위논문
　　　　 1976 「안정복의 서학비판에 관한 연구」 『아세아연구』 19권 2호, 고려대학교
강주진, 1977 「동사강목 해제」 『한국학』 14
윤남한, 1977 「동사강목해제」 『국역 동사강목』 1
금장태, 1978 「안정복의 서학비판론」 『한국학』 19
이우성, 1981 「안정복과 동사강목」 『한국의 역사사상』
반윤홍, 1982 「순암 안정복의 향촌자위론 연구」 『군사』 5 국방부 전사편찬위원회
김세윤, 1985 「안정복의 열조통기에 대한 일고찰」 『부산여대사학』 3
　　　　 1986 「순암 안정복의 조선시대인식」 『부산여대사학』 4
김철준, 1986 「동사강목해제」 『한국의 명저』 3
정구복, 1987 「안정복의 사학사상」 『한일근세사회의 정치와 문화』 한국정신문화연구원
김수태, 1987 「안정복의 대록지」 『백제연구』 18 충남대학교 백제연구소
한상권, 1987 「순암 안정복의 사회사상—민에 대한 인식을 중심으로」 『한국사론』 17

한영우, 1988「안정복의 사상과 동사강목」『한국학보』53
하우봉, 1988「순암 안정복의 일본인식」『전라문화논총』2
황원구, 1990「안정복」『한국사시민강좌』6
이채구, 1991『하학지남』대전 신성문화사
김병수, 1992「순암 안정복의 사상연구—그의 이기론을 중심으로」『향토서울』51
차장섭, 1992「안정복의 역사관과 동사강목」『조선사연구』1 대구 복현조선사연구회
박종기, 1992「동사강목 고려편 검토—안정복의 수택본을 중심으로」『성곡논총』24
오환일, 1993「안정복의 사창에 대한 연구」『국사관논총』46
김문식, 2000「18세기 후반 순암 안정복의 기자 인식」『한국실학연구』2 한국실학연구회
이봉규, 2000「순암 안정복의 유교관과 경학사상」『한국실학연구』2 한국실학연구회
최성환, 2003「영, 정조대 안정복의 학문과 동사강목의 편찬」『한국학보』110
노혜경, 2004「안정복과 황윤석의 대민정책 비교—목천현을 중심으로」『한국사상사학』23
원재린, 2004「순암 안정복(1712-1791)의 형법관과 향정론」『한국사상사학』23
강병수, 2005「18세기 성호학파의 학문과 사상 전개—순암 안정복의 경학과 정주학 이해를 중심으로」『중앙사학』21

찾아보기

ㄱ

가위와 풀의 역사 142, 143, 145, 150
강목체(綱目體) 73, 74, 98, 99, 100, 101, 103, 104
경성제국대학 40, 43, 44, 48
『경세유보편(經世遺補編)』 110
『계고편(稽古編)』 110
『고려국사(高麗國史)』 80, 82, 84, 86, 88, 94, 111
『고려사(高麗史)』 14, 15, 18, 19, 21, 22, 23, 31, 39, 44, 45, 47, 49, 50, 76~82, 84, 85, 87, 92~95, 98, 100, 101, 103, 105, 108~111, 114, 118, 119, 123, 125, 128, 130, 133, 134, 135, 137~141, 145, 146, 147, 148, 150, 151, 153
『고려사(高麗史)』 수택본(手澤本) 19, 20~27, 29~32, 37, 39, 43~46, 48~51, 105, 107, 108, 112, 114, 116, 119, 124, 125, 126, 128, 129, 130, 132, 133, 134, 138, 139, 140, 141, 145, 148, 153
『고려사전문(高麗史全文)』 80, 82, 84
『고려사절요(高麗史節要)』 70, 76, 77, 79, 83, 84, 111, 151
『고사최요(攷事最要)』 110
공자 20
국사편찬위원회 27, 37, 40, 42, 43
권근(權近) 16, 17
권제(權踶) 80, 94
규장각(奎章閣) 17, 44~51

『금경록(金鏡錄)』 94, 111
『기자실기(箕子實記)』 110
기전체(紀傳體) 81~85, 94, 98, 100, 103, 105
김광재(金光載) 115, 130, 132
김륜(金倫) 106, 115, 132, 148
김부식(金富軾) 77, 78, 109
김이(金怡) 22, 106, 140, 141, 145, 146
김종서(金宗瑞) 76~80, 83, 84, 87
김태현(金台鉉) 22, 106, 107, 115, 116

ㄷ

『대동운옥(大東韻玉)』 110
『동각잡기(東閣雜記)』 110
『동국총목(東國總目)』 110
『동국통감(東國通鑑)』 102, 104, 110, 111, 112, 123
『동문선(東文選)』 109, 110
『동사강목(東史綱目)』 20, 23, 24, 29, 30, 31, 32, 39, 46, 47, 49, 57, 59~62, 64, 66~74, 98~101, 103, 104, 105, 108, 109, 111, 118, 119, 123~127, 129, 130, 132, 133, 135, 137~141, 145~148, 150, 151, 153
『동사강목범례(東史綱目凡例)』 56, 57
『동사괴설변(東史怪說辨)』 56
동사문답(東史問答) 61, 64, 66
『동사찬요(東史纂要)』 110, 112
『동사회강(東史會綱)』 100, 102, 104, 110

ㄹ~ㅂ

류발(柳發) 55
『목은집(牧隱集)』 153
묘지명(墓誌銘) 22, 48, 95, 107, 112, 114, 116, 119, 124, 125, 126, 128, 130, 133, 136, 148, 150
문치주의(文治主義) 134, 135
『미수기언(眉叟記言)』 110
민사평(閔思平) 106, 115
민적(閔頔) 106, 116, 117, 145, 146
민제(閔霽) 106, 115, 117
민종유(閔宗儒) 21, 106, 116, 140
민지(閔漬) 94, 100, 111
박충좌(朴忠佐) 106, 117
『반계수록(潘溪隨錄)』 110
『범학전서(範學全書)』 110
『보한집(補閑集)』 110

ㅅ

『사기(史記)』 55, 81, 82, 83,
『사략(史略)』 94, 111
사마광(司馬光) 82, 99
사마천(司馬遷) 81, 82, 83
『사설(僿說)』 110
사학사(史學史) 31, 32, 123, 124
『삼국사기(三國史記)』 77, 78, 101, 103, 105, 110
『삼국사략(三國史略)』 110
『삼국유사(三國遺事)』 110
『성호사설(星湖僿說)』 60, 70
『성호사설유편(星湖僿說類編)』 60, 71
세보(世譜) 116, 117, 119, 125
『송도잡기(松都雜記)』 110
송시열(宋時烈) 119
『수교고려사(讎校高麗史)』 80, 82, 84, 90, 111
수택본(手澤本)『고려사(高麗史)』→『고려사(高麗史)』 수택본(手澤本)
수택본(手澤本) →『고려사(高麗史)』 수택본(手澤本)
『순암선생문집』 39, 61
술이부작(述而不作) 123, 130, 147
신개(申槩) 80
『신증동국여지승람(新增東國輿地勝覽)』 116~119, 153
실증주의 142

ㅇ

아우 정록과 아들 경증에게 주는 유서(示弟鼎祿子景曾遺書) 68
안보(安輔) 106, 115, 126, 127, 133
안종원(安宗源) 106, 117
안축(安軸) 22, 106, 115, 130, 132, 133, 139
안향(安珦) 134, 135
『양촌집(陽村集)』 17, 110
『여사제강(麗史提綱)』 100, 102, 104, 110, 112

『여사휘찬(麗史彙纂)』 110
『여지고(輿地考)』 110
『여지승람(輿地勝覽)』 110
『역사란 무엇인가』 142
『역옹패설(櫟翁稗說)』 110
『열조통기(列朝通記)』 23, 37, 39, 42, 43, 60, 71, 72
『영장산객전(靈長山客傳)』 37, 39, 42
『예경(禮經)』 20
『예기(禮記)』 20
오운(吳雲) 119
왕후(王煦) 106, 107, 115
『용비어천가(龍飛御天歌)』 110
『용재총화(慵齋叢話)』 110
우왕(禑王) 62, 81, 86, 87
우탁(禹倬) 106, 137, 138, 140
유계(俞棨) 100, 102, 119, 141
유관(柳觀) 80, 111
유형원(柳馨遠) 35, 55, 57, 144
윤동규(尹東奎) 59, 66, 67, 68
윤선좌(尹宣佐) 106, 115
윤신걸(尹莘傑) 106, 115, 129, 128
윤회(尹淮) 80, 90, 94, 111
『응제시주(應制詩註)』 110
이곡(李穀) 22, 106, 107, 115, 133
이병휴(李秉休) 59, 66, 67, 73
이보림(李寶林) 107, 117, 127, 150, 151
『이상국집(李相國集)』 110
이색(李穡) 94, 111, 115, 126, 148
이원진(李元鎭) 57

이익(李瀷) 56, 57, 59, 60, 61, 64, 67, 73, 144
이전(李瑱) 22, 106, 107, 130, 132
이제현(李齊賢) 22, 94, 107, 109, 111, 115, 128, 135, 136, 137, 150
이조년(李兆年) 106, 107, 115, 135, 136, 137
이황(李滉) 119
임상덕(林象德) 100

ㅈ

『자치통감(資治通鑑)』 55, 82, 99, 102
『자치통감강목(資治通鑑綱目)』 55, 99, 100, 104
정인지(鄭麟趾) 21, 76, 78, 79, 81, 111
정총(鄭摠) 88, 94, 111
조렴(趙廉) 106
『조선금석소담(朝鮮金石瑣談)』 49
조선사편수회 16, 25, 26, 27, 32, 34, 41, 42, 43
조적(曹頔) 147, 148
조충(趙冲) 39
족보(族譜) 22, 107, 116, 130
『졸옹집(拙翁集)』 110
주세붕(周世鵬) 134
주희(朱熹) 99, 100, 103
『지봉유설(芝峰類說)』 110, 119
진고려사전(進高麗史箋) 78, 85
진고려사절요전(進高麗史節要箋) 79

ㅊ~ㅌ

창왕(昌王) 62, 87
채거서목(採據書目) 109, 111, 119
채홍철(蔡洪哲) 22, 106, 115, 139
최문도(崔文度) 106, 115
최부(崔溥) 138
최성지(崔誠之) 21, 106, 107, 115, 128, 129
최해(崔瀣) 22, 106, 107, 115, 128, 133
『춘추좌씨전(春秋左氏傳)』 83
춘추필법(春秋筆法) 123
카(Carr, Edward Hallett) 142, 143, 144
『퇴계집(退溪集)』 110

ㅍ~ㅎ

『파한집(破閑集)』 110
『편년강목(編年綱目)』 94, 100
편년체(編年體) 73, 81, 82~85, 94, 99, 103, 111
『평양지(平壤志)』 110
폐가입진(廢假立眞) 87
『필원잡기(筆苑雜記)』 110
한종유(韓宗愈) 107, 115, 116, 148
『해동명신록(海東名臣錄)』 110
『해동악부(海東樂府)』 110
『해동제국기(海東諸國記)』 110
허응린(許應麟) 119
홍빈(洪彬) 106, 115, 140, 147, 148
후지타 요사쿠(藤田亮策) 48, 49